놀면서 배우는 코딩

- 마이크로비트로 정글 탐험하기 -

조윤주 · 전석주 지음

도서출판 홍릉

저자 약력

조윤주
컴퓨터교육을 전공하고 있는 초등학교 교사입니다. 서울교육대학교 컴퓨터교육 박사과정 중에 있으며 컴퓨터교육 강의를 맡고 있습니다. 서울시 교육청 SW교육 강사이며 SW교육 마스터입니다. 저서로는 〈코딩 펭귄의 남극 대모험〉이 있습니다.

전석주
서울교육대학교 컴퓨터교육학과 교수입니다. 컴퓨터과학 중 데이터 베이스의 한 분야인 데이터 마이닝을 전공하였습니다. 아이들을 위한 프로그래밍 교육에 많은 관심을 갖고 현직 선생님들과 협력하여 다양한 프로그래밍 교육 도구들을 개발하고 있습니다.

Preface

여러분은 탐험을 좋아하나요? 아프리카의 섬 마다가스카르에 대해 들어본 적이 있나요?

이 책의 주인공 코빗은 호기심이 많고 탐험을 좋아합니다. 코빗은 '어린이 탐험대'의 마다가스카르 정글 탐험에 선발되어 탐험을 떠나게 됩니다. 어린이 탐험대에 선발되면 세계 여러 곳으로 탐험을 떠날 수 있고 탐험을 무사히 마치면 탐험 배지도 받게 됩니다. 탐험 배지를 모두 모은 어린이들은 '위대한 탐험가' 팀에 들어갈 수 있죠. 코빗의 첫 탐험은 아프리카의 섬 마다가스카르입니다. 코빗은 가장 친한 친구이자 애완견인 비비와 함께 탐험을 떠나는데 탐험 첫 날 길을 잃고 맙니다. 다행히 위대한 탐험가 팀의 준 대장을 만나 마다가스카르 곳곳을 탐험하게 됩니다. 마다가스카르를 탐험하면서 여러 문제들을 만나게 되는데 코빗과 비비는 함께 힘을 합쳐 '마이크로비트'를 이용해 문제를 해결해 나갑니다.

마이크로비트는 '미니 컴퓨터'로 핸드폰이나 컴퓨터로 코딩을 해서 작동시킬 수 있습니다. LED로 글자나 그림을 나타낼 수도 있고 온도 센서를 이용해 주변의 온도도 측정할 수 있죠. 코빗과 비비는 정글 속에서 길을 잃고 마이크로비트의 LED를 이용해 구조 깃발을 만들기도 하고, 사막에서 나침반이 고장나자 마이크로비트의 지자기 센서를 이용해 나침반을 직접 만들기도 합니다.

여러분이 코빗과 함께 마다가스카르를 탐험하면서 다양한 문제 해결 과정을 따라간다면, 어렵게만 보이는 코딩을 쉽게 따라해 보고, 멋진 작품을 만들며 메이킹 과정도 체험해 볼 수 있을 거에요. 더불어 컴퓨팅 사고력까지 쑥쑥 기를 수 있죠.

컴퓨팅 사고력이란 실생활의 복잡한 문제를 컴퓨터가 문제를 해결하는 방식처럼 논리적 · 효율적으로 해결하는 능력을 말합니다. 컴퓨팅 사고력은 알고리즘을 만들고 코딩을 하는 동안 기를 수 있어요. 인공지능의 시대에서는 컴퓨팅 사고력은 매우 중요한 능력이죠. 이 책을 읽고 코딩과 메이킹을 경험하며 컴퓨팅 사고력을 길러 보세요. 또한 실력 업그레이드 문제를 풀면서 컴퓨팅 사고력 뿐만 아니라 창의력, 문제 해결력까지 기를 수 있게 됩니다.

이제 코빗과 함께 탐험을 떠날 준비가 되었나요? 마이크로비트, 컴퓨터가 준비되었다면 책장을 넘기고 정글 탐험을 시작해 보세요. 포기하지 말고 끝까지 정글 탐험을 마쳐서 꼭 성공 배지를 받기를 응원합니다!

저자 드림

베타테스터 학습 후기

평소 코딩에 관심이 많고 좋아했는데, 선생님의 도움 없이 집에서도 혼자 코딩을 할 수 있어서 좋았어요. 책을 따라가며 하나씩 프로젝트를 성공할 때마다 성취감이 느껴졌고, 내가 코딩한대로 척척 작동하는 마이크로 비트가 신기했어요. 특히 가위,바위,보 게임을 할 때는 마이크로 비트가 내 친구가 된 것 같았어요. 심심할 때 하면 정말 좋을 것 같아요. 우리 반 친구들에게도 이 책을 추천하고 싶어요. 이걸 하니 코딩 박사가 된 것 같아요. 마이크로비트 최고!

김리우(서울묘곡초 3학년)

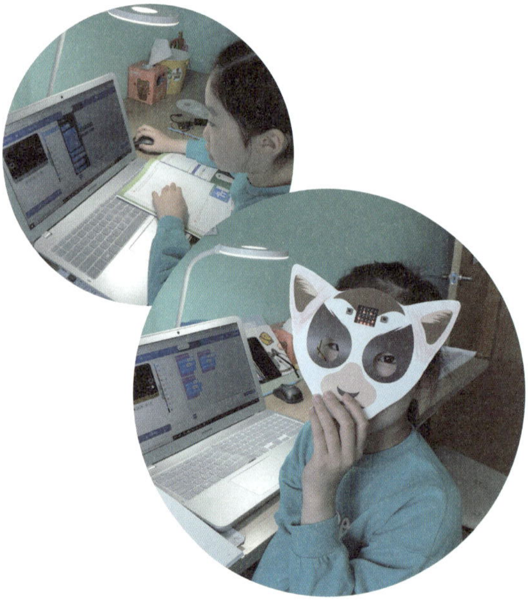

코딩이라고 하면 어렵게만 느끼는 학부모들이 많이 있을 텐데, 이 책은 3학년인 아이도 스스로 보고 따라할 수 있을 정도로 쉽고 재미있게 구성되어 있습니다. 흔히 접하는 코딩 프로그램들은 온라인상에서만 구현 가능한 것들이 많지만, 이 책은 마이크로 비트라는 작은 하드웨어를 직접 보고 만지면서 더불어 부록으로 있는 페이퍼 크래프트들을 이루어가는 매력이 쏠쏠하게 있어요. 그런 부분이 아이에게 더욱 성취감을 주는 것 같았고요. 하나의 프로젝트를 완성할 때마다 마이크로 비트를 들고 다니면서 온 가족에게 자랑하듯 보여주는 아이의 모습에서 즐거움과 뿌듯함이 느껴졌습니다.

친숙한 캐릭터와 모험을 떠나면서 코딩 용어를 익히고, 알고리즘을 따라하다 보면 어느새 코딩이 완성되어 있으며, 심화 문제를 통해 실력이 업그레이드되는 이 모든 일련의 과정이 자연스럽게 이루어지는 책입니다.

김리우 엄마

블럭을 쌓아서 코딩을 하니 마치 게임하는 것처럼 재미있고, 내 영어이름과 이모티콘을 만들 수 있어서 신기해요.

코딩을 하면서 이야기 속 미션을 해결하니 너무 뿌듯하고, 다음 미션을 빨리 수행하고 싶어져요.

책의 부록을 이용하여 코딩한 작품으로 역할놀이도 할 수 있어서 좋은 것 같아요.

구현송(화성아인초 3학년)

프로젝트마다 재미있는 스토리가 제시되고, 그 스토리가 자연스럽게 연결되어 있어 흥미를 갖고 재미있게 참여하는 것 같아요.

컴퓨터로 코딩을 하기 전, 책을 통해 코딩의 흐름을 미리 살펴본 후 코딩을 시작할 수 있도록 구성한 점도 아이에게 성취감을 더 느끼게 하는 것 같아요.

다양한 이야기 속의 문제 상황을 코딩으로 해결하는 미션수행을 통해 마치 게임하는 듯한 재미도 주고, 일상생활에서 코딩을 활용할 수 있는 응용능력도 향상될 것 같아요.

구현송 엄마

베타테스터 학습 후기

블록형 코딩이라 이해하기 쉬워서 좋았고, 내가 직접 프로그래밍한 것이 키트에 바로 나타나서 좋았다.

마지막으로 책에 나와있는 것뿐만 아니라 내가 직접 상상해서 새로운 것을 만들 수 있어서 좋았다. 키트를 이용해 코딩을 재미있게 배울 수 있었던 것 같다.

정채은(남양주다산초 6학년)

책을 보며 아이 혼자서도 코딩을 쉽게 익히고 즐길 수 있어서 좋았습니다. 혼자 뭔가를 만지작거리더니 갑자기 엄마을 불러 가보니 자기가 만들었다며 led 화면을 바꿔가며 자랑을 하더군요. 가위바위보 게임이나 업앤다운 게임등도 만들어 동생과 즐기는 모습도 기특했구요. 유용한 학습 도구인 것 같습니다.

정채은 엄마

준 대장님과 코빗 그리고 비비와 한팀이 되어 정글을 탐험하는 이야기가 너무 재미있어요. 이야기를 따라 코딩 미션을 해결하는 게 너무 너무 신나요. 처음에는 마이크로비트를 움직이는 게 어려웠는데 이제는 매일 하고 싶어요.

조은재(오목초등학교 1학년)

올해 처음 1학년이 된 아이에게 코딩에 대해 알려주고 싶었는데 좋은 책을 접하게 되어 너무 행복합니다. 1학년이라 과연 가능할 까 고민했는데 책을 보면서 처음 어떻게 하는지 알려주니 아이가 금방 따라하면서 너무 재미있어 합니다. 특히 책의 내용이 마치 게임을 하듯이 구성되어 있어서 아이가 흥미를 가지고 계속 도전할 수 있는 부분이 마음에 듭니다. 재미있는 모험을 떠나는 이야기를 바탕으로 마이크로 비트를 활용한 코딩을 쉽게 배울 수 있는 이 책을 학부모님들에게 적극 추천합니다.

조은재 아빠

처음 코딩을 배울 때 어려워서 하기 싫었는데, 이 책을 보면서 마이크로비트를 공부하니 코딩이 재미있다고 느껴졌다. 만화로 되어 있어서 이해하기도 쉽고, 시작부터 끝까지 자세히 설명되어 있어서 혼자 연습해도 어렵지 않았다. 정글 탐험에서 미션을 수행하며 코딩을 배울 수 있고 동물 이야기도 재미있었다. 어렵게 느껴졌던 코딩이 더 이해가 잘되고 자세히 알게 되어서 자신감이 생겼다. 이제 누가 물어보면 잘 대답할 수 있을 것 같다.

고다현(남양주신촌초 4학년)

마이크로비트는 기기 자체에 LED가 설치되어 있어 기존 코딩 프로그램에서 부족하게 느껴졌던 즉각적인 피드백이 시각적으로 잘 나타나 아이들의 호기심을 자극하는데 많은 도움이 되는 것 같다. 정글탐험 미션을 해결하는 과정이 학습과 연계되어 있어 학생 눈높이에 잘 맞게 구성되어 있다.

고다현 아빠

책의 구성과 활용법

정글 탐험 준비하기

무엇을 배울지 알아봐요.

이야기 속으로

코빗의 탐험 이야기 속으로 들어가 봅시다. 어린이 탐험대가 되어 어떤 미션을 해결해야 할지 살펴봐요.

나도 메이커

색칠하고, 오리고 조립하고! 메이커가 되어 멋진 작품을 뚝딱 만들고 마이크로비트를 조립해 봐요.

코딩 미션 해결하기

이야기에 나온 코딩 미션을 해결해요. 알고리즘을 만든 뒤 코딩을 해봐요.

이 책은 10개의 프로젝트로 이루어져 있습니다. 프로젝트마다 코딩 미션과 실력 업그레이드 미션이 있습니다.
신비의 섬 마다가스카르를 탐험하며 코딩 미션을 해결해보세요!

실력 업그레이드

코딩 실력을 쑥쑥 키울 수 있는 심화 코딩에 도전해요.

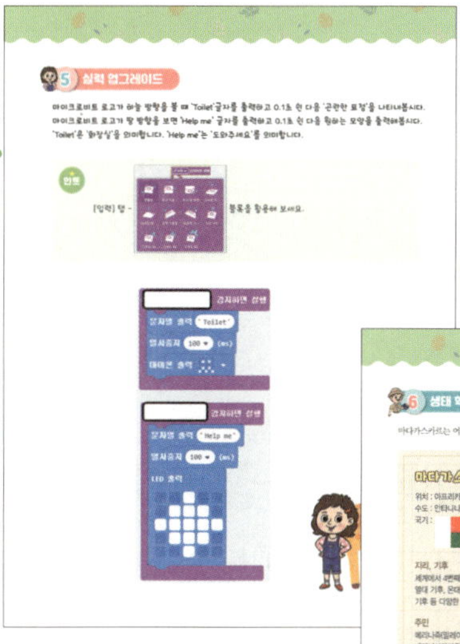

생태 학습

코빗의 첫 번째 탐험 장소인 마다가스카르에 대해 알아봐요.

예시 답안

코딩 미션과 실력 업그레이드 미션을 잘 해결하였는지 예시 답안을 확인해요.

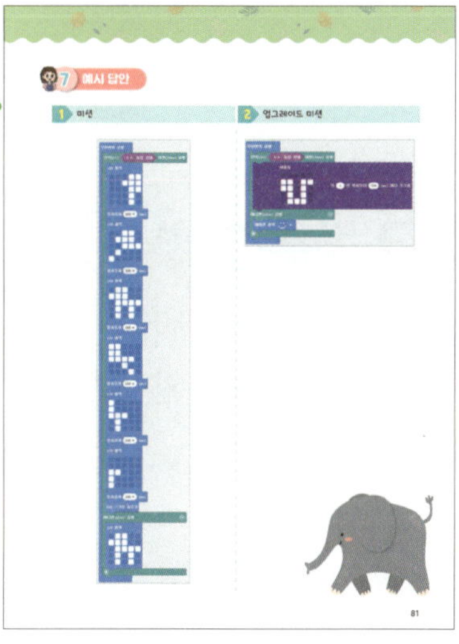

CONTENTS

CONTENTS

CHARACTER

코빗

코딩과 만들기를 좋아하는 여학생입니다.
호기심이 왕성하고 탐험하는 것을 좋아하여 강아지 비비와 마을 이곳저곳을 자주 돌아다닙니다. '어린이 탐험대'의 탐험 성공 배지들을 모아서 '위대한 탐험가' 팀에 들어가고 싶어 합니다.

비비

주인공 코빗의 가장 친한 친구이자 애완 강아지입니다. 용감하고 의리가 있으며 어디서든 코빗을 지켜주려고 합니다.
코빗과 정글 탐험을 하며 어려운 문제를 함께 해결해 나갑니다.

준 대장

'위대한 탐험가' 팀의 대원입니다. '어린이 탐험대'에서 길을 잃은 탐험대원들을 찾고 탐험을 마칠 수 있도록 도와주는 역할을 합니다. 정글에서 길을 잃은 코빗과 비비가 무사히 정글 탐험을 마칠 수 있도록 도와줍니다.

프로젝트 00

준비하기

1 코딩이란 무엇인가요?

여러분은 코딩이 무엇인지 알고 있나요? 주변을 살펴보세요. 엘리베이터, 신호등, 세탁기, 스마트 냉장고와 전자레인지까지 컴퓨터가 이용되는 곳이라면 코딩이 꼭 필요합니다. 여러분이 좋아하는 스마트폰과 컴퓨터의 여러 가지 프로그램, 어플리케이션도 모두 코딩을 통해 만들어졌어요.

코딩이란 무엇일까요? 코딩이란, 컴퓨터에게 일을 시키기 위해 컴퓨터가 이해할 수 있는 프로그래밍 언어로 명령을 내리는 것을 말해요.

코딩을 한다는 것은 사람과 컴퓨터가 대화하는 것과 같아요. 하지만 컴퓨터는 사람의 말을 알아듣지 못하고 0과 1로 표현된 '기계어' 코드만 이해합니다. 처음에는 사람들이 프로그램을 만들기 위해 기계어 코드를 작성해서 컴퓨터에게 명령을 내렸지만 너무 복잡하고 힘들었죠. 그래서 컴퓨터 과학자들은 사람들이 사용하기 쉬운 '프로그래밍 언어'를 만들었어요. 사람들이 프로그래밍 언어로 코딩을 하면, 이 내용을 번역해주는 '컴파일러'라는 프로그램이 0과 1의 기계어로 바꾸어 준답니다. 사람과 컴퓨터가 편하게 대화할 수 있게 된 것이죠.

코딩은 프로그래밍 언어를 문법에 맞게 기록해서 우리에게 필요한 프로그램을 만드는 과정입니다!

사람들이 사용하는 프로그래밍 언어는 파이썬, Java, C언어 등 다양한 종류가 있어요. 그리고 초급자를 위한 교육용 프로그래밍 언어인 스크래치, 엔트리도 있죠. 마이크로비트를 작동시키기 위해 사용하는 프로그래밍 언어는 메이크코드(makecode), 스크래치, 엔트리, 버드블록스(birdblox) 등이 있습니다.

우리가 원하는 모든 것을 만들어주는 코딩의 세계로 들어가 봅시다!

2 마이크로비트 알아보기

마이크로비트에 대해 들어보았나요?

마이크로비트는 간단히 말하면 '미니 컴퓨터'입니다. 마이크로비트는 마이크로소프트, 삼성전자, 영국 공영 방송국 BBC 등의 단체들이 수년간의 연구를 통해 개발하였습니다. 프로그래밍이 가능한 입/출력 모듈을 가지고 있는 초소형 컴퓨터라고 볼 수 있죠. 영국에서는 2016년부터 마이크로비트를 이용한 코딩 교육을 진행하고 있고, 2017년부터는 미국과 캐나다에서도 마이크로비트를 도입하였습니다. 최근에는 우리나라에서도 코딩 교육을 위해 마이크로비트가 활용되고 있습니다.

전 세계가 주목하는 마이크로비트! 어떻게 구성되어 있는지 살펴볼까요?

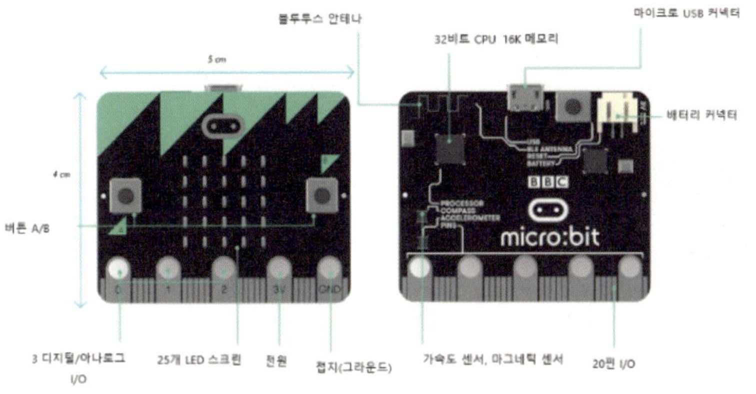

전면 **후면**

마이크로 비트의 구성

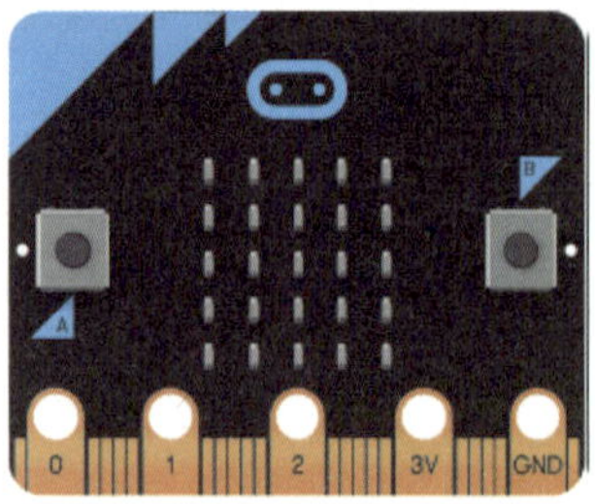

LED 매트릭스
가로 5개, 세로 5개 총 25개의 LED는 모두 각각 프로그래밍이 가능하며 LED를 통해서 문자, 숫자, 그림을 표현할 수 있습니다.

빛 센서
LED 스크린을 빛 센서처럼 사용할 수 있고, 주변의 빛 밝기lw를 측정하는데 사용할 수 있습니다.

A/B버튼
A버튼을 눌렀을 때, B버튼을 눌렀을 때, A버튼과 B버튼을 동시에 눌렀을 때의 3가지 경우를 나누어서 코딩할 수 있습니다.

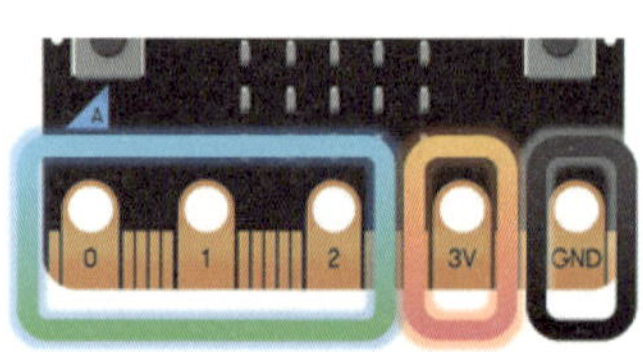

디지털/아날로그 입출력 단자, 전원포트
5개의 링 단자는 프로그래밍 제어가 가능한 'P0, P1, P2'의 3개 단자와 전원이 출력되는 +극의 '3V', 접지 역할을 하는 −극의 'GND' 단자로 구성되어 있습니다.
20개의 에지 확장 단자를 사용하려면 별도의 확장 커넥터가 필요합니다.

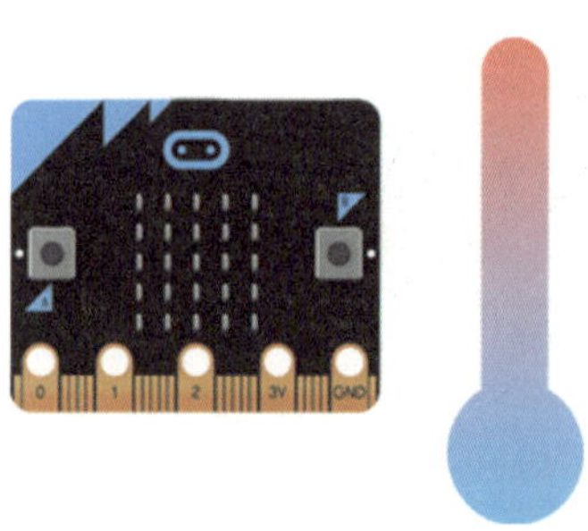

온도 센서
온도를 재고 싶은 물체와 마이크로비트를 접촉시켜 보세요!
특정 물체를 접촉시키지 않는다면 대기의 온도(기온)를 잴 수 있습니다.

가속도 센서
가속도 센서를 이용하면 마이크로비트의 기울기, 흔들림, 속도 등을 감지할 수 있습니다.

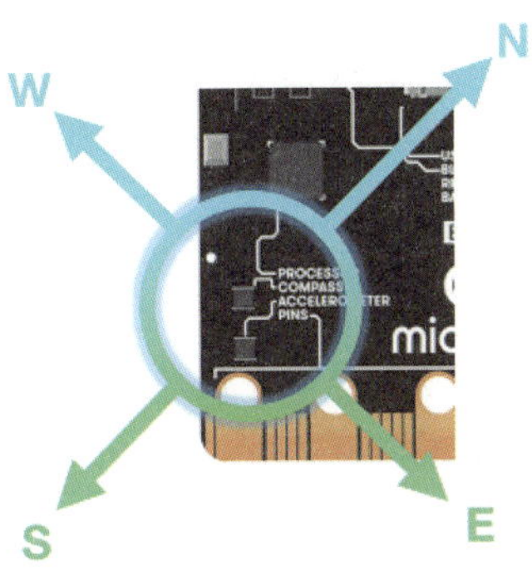

지자기 센서
지자기 센서는 지구 자기장을 감지할 수 있습니다.
지구의 자성을 이용해 동서남북 같은 방위를 알 수 있습니다.

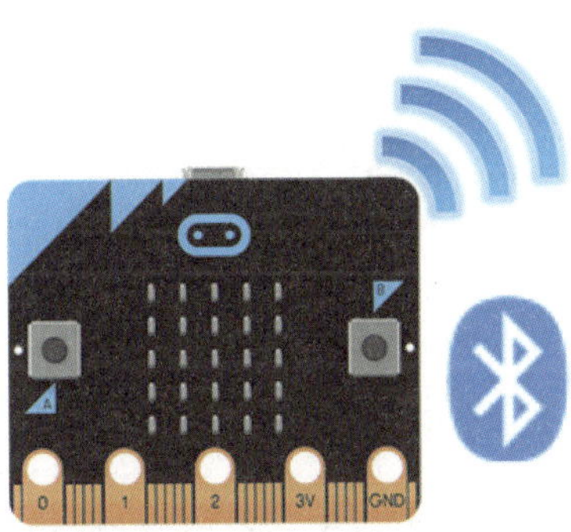

블루투스
블루투스는 전선을 사용하지 않고 전파를 이용해 정보를 전달하는 무선 통신 방식입니다. 블루투스 기능을 이용하면 마이크로비트를 핸드폰, PC, 태블릿 등과 연결하여 통신할 수 있습니다. 마이크로비트에서는 라디오 블록을 통해 마이크로비트 끼리도 서로 통신할 수 있습니다.

마이크로비트로 무엇을 할 수 있을까요? LED를 이용한 손전등을 만들 수도 있고, 가속도 센서를 이용한 만보기를 만들 수도 있고, 라디오 기능을 이용한 주차장 알리미도 만들 수 있습니다. 마이크로비트는 자바스크립트, 파이썬 같은 프로그래밍 언어를 지원합니다. 어린이들이 쉽게 코딩 할 수 있도록 스크래치 같은 블록형 언어인 메이크 코드(Makecode)도 지원합니다. 집이나 학교에 있는 컴퓨터를 사용하여 코딩할 수도 있고, 스마트폰이나 태블릿 PC를 이용해서도 코딩할 수 있습니다.

3 마이크로비트 코딩 시작하기

PC 기반(웹 사이트 이용)

01 : 메이크코드에 접속하고 프로그램 만들기

1. 웹 브라우저를 실행하고 주소창에 메이크코드 (https://makecode.microbit.org) 주소를 입력한 뒤 새 프로젝트를 클릭합니다.

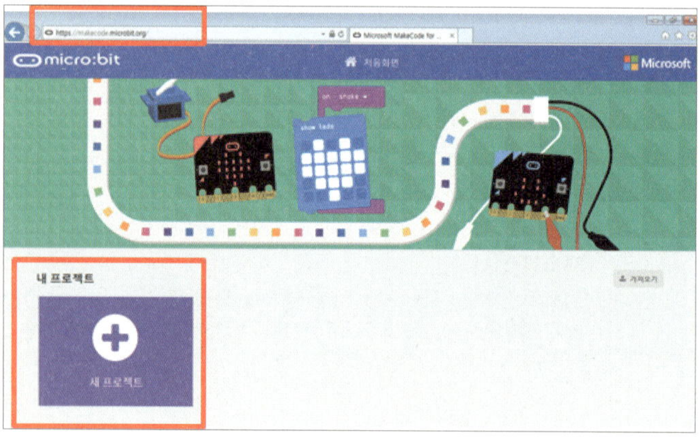

주소창에 메이크코드 주소를 입력하기 어렵다면?

① 웹 브라우저(크롬 권장)를 실행합니다.
② 검색창에 '마이크로비트 메이크코드'를 입력합니다.
③ 메이크코드 사이트를 클릭합니다.
④ 새 프로젝트를 클릭합니다.

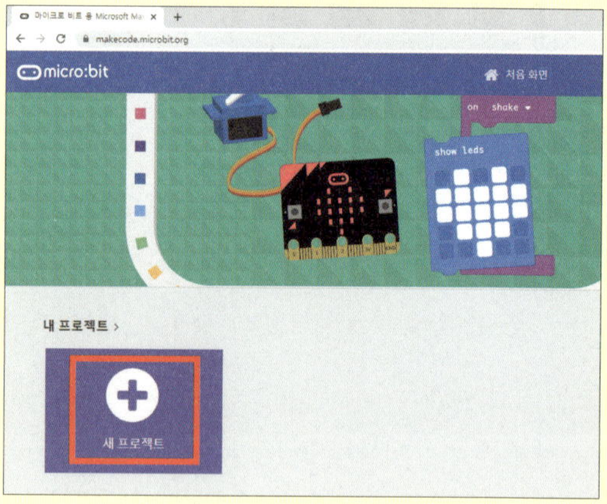

2 오른쪽 맨 위 '더보기'-'언어 선택'에서 '한국어'를 선택합니다.

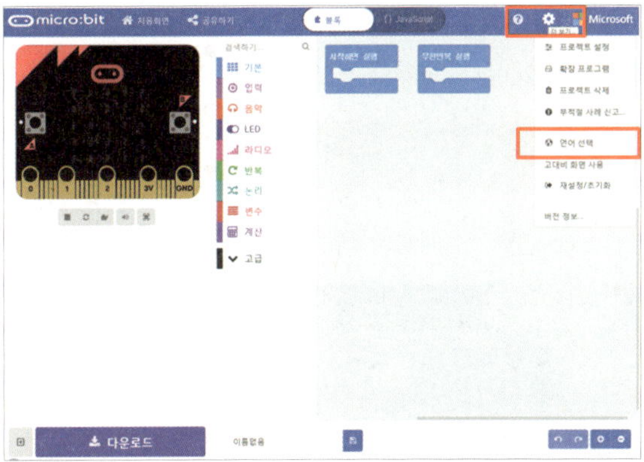

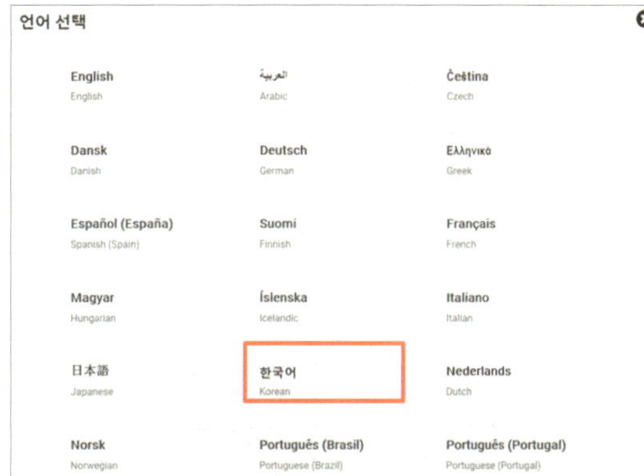

✚ 웹 브라우저는 크롬 브라우저(Chrome)를 사용하는 것이 더욱 좋습니다.

3 새로운 프로그래밍을 시작하기 전에 기본 블록들은 휴지통으로 그래드-앤-드롭 하여 삭제합니다.

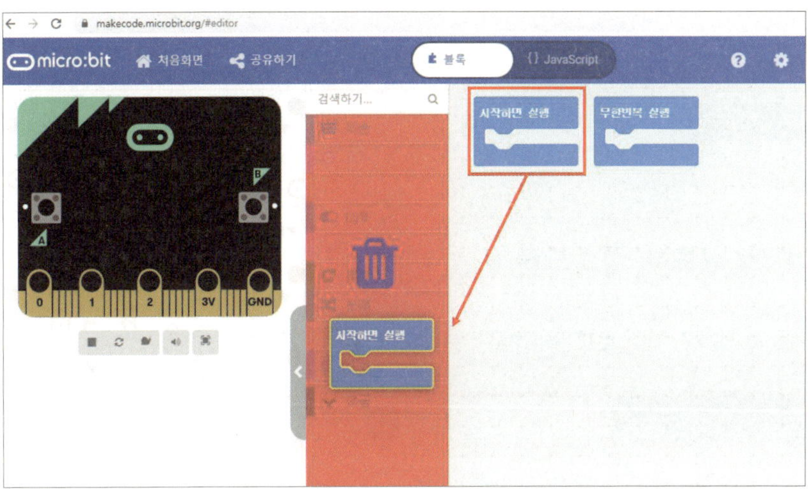

4 원하는 프로그램을 만듭니다.

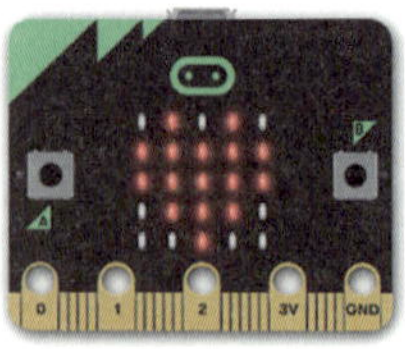

메이크코드는 '엔트리'나 '스크래치'와 비슷하게 블록을 쌓아서 코딩하는 교육용 프로그래밍 언어입니다.

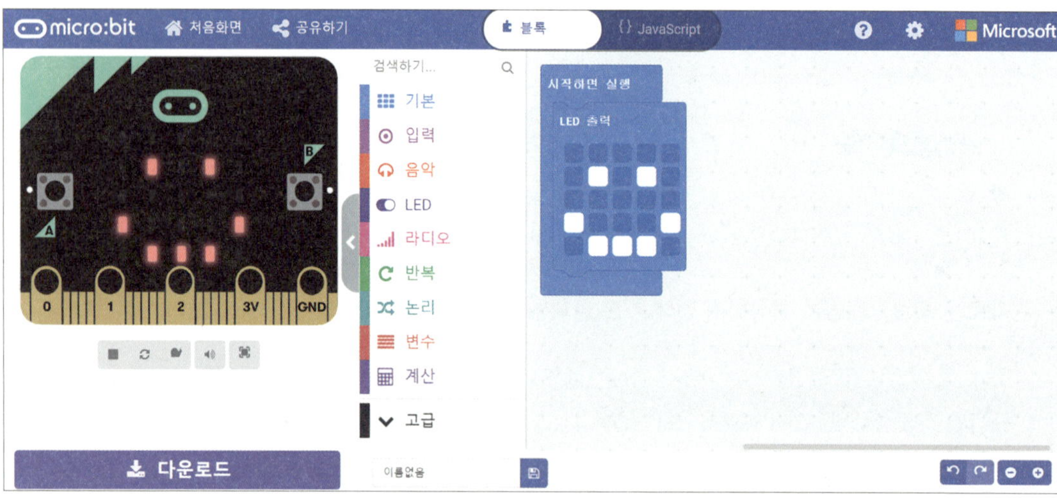

02 : 프로그램을 마이크로비트에 업로드하기

1 만든 프로그램의 제목을 수정하고 '다운로드' 버튼을 누릅니다.

2 화면 아래에 파일 이름 옆 화살표를 누른 뒤 '폴더 열기' 버튼을 눌러 '파일 이름.hex'파일이 다운로드 되었는지 확인합니다.

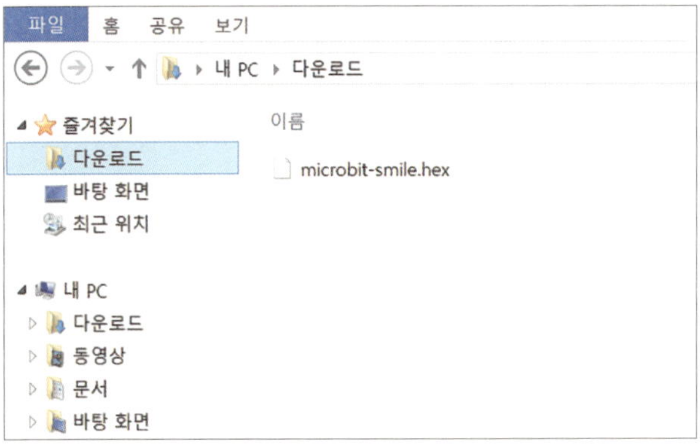

3 마이크로비트에 USB 케이블을 연결한 뒤 컴퓨터 또는 노트북에 연결합니다.

4 마이크로비트를 컴퓨터 또는 노트북에 연결하면 'MICROBIT(E:)'라는 이동식 디스크가 인식됩니다.

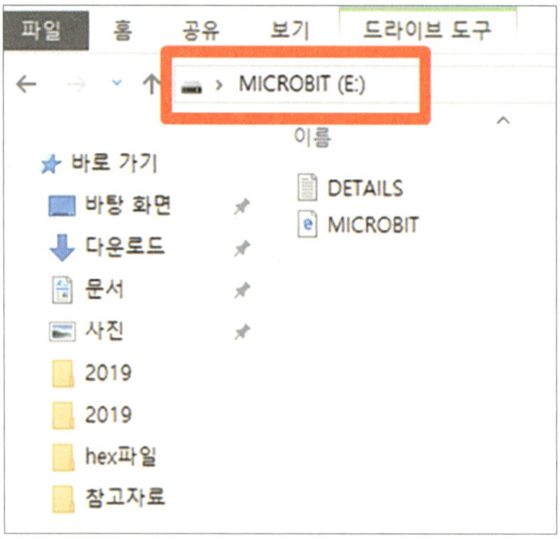

5 다운로드한 .hex 파일을 마이크로비트 이동식 디스크로 드래그-앤-드롭하여 복사합니다.

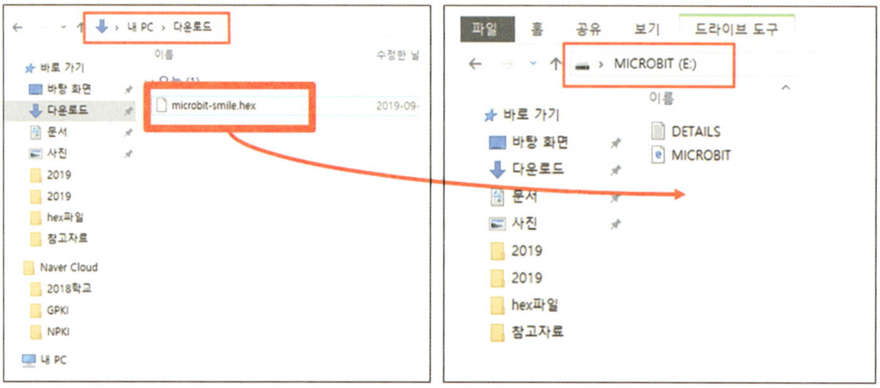

① 다운로드한 폴더, MICROBIT드라이브를 한 화면에 보이도록 한 뒤 옮기는 방법

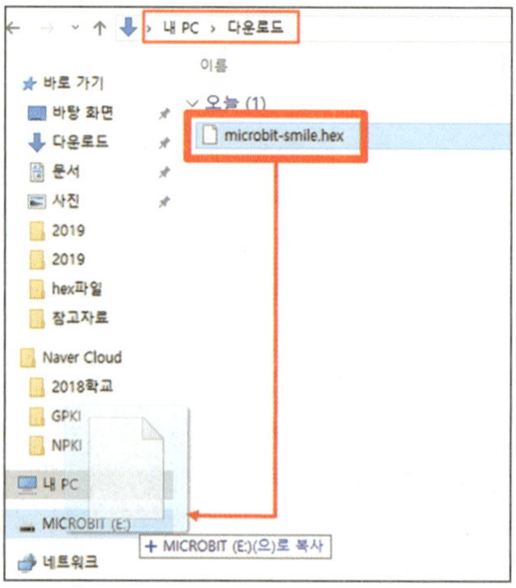

② 다운로드한 폴더에서 직접 MICROBIT 드라이브로 옮기는 방법

6 100% 업로드가 되면 마이크로비트에서 프로그램이 작동되는지 확인합니다.

03 : 마이크로비트와 PC, 노트북, 스마트기기를 페어링하기

마이크로비트와 기기를 페어링하면 .hex 파일을 이동시켜 업로드 하는 과정 없이 '다운로드'만 누르면 바로 마이크로비트로 업로드가 됩니다.

페어링 기능을 사용하기 위해서는 펌웨어 버전이 0249 이상 이어야 합니다.
아래의 과정을 통해 펌웨어 버전 정보를 확인하고 펌웨어 버전을 업데이트하여 빠르고 편리하게 프로그램을 업로드 해 보세요.

1 톱니바퀴 모양을 누른 뒤 '장치 페어링'을 클릭합니다.

❷ [장치 페어링] 버튼을 누른 뒤 파란색 글씨를 클릭하여 펌웨어를 먼저 확인합니다.

한 번 클릭으로 프로그램이 업로드 되도록 페어링하기
이 화면을 처음 보셨나요?
0249 이상의 펌웨어가 설치되어 있어야 합니다.
여기를 눌러 최신 펌웨어를 확인하고, 업데이트하세요.
1 micro:bit 를 USB 케이블로 컴퓨터에 연결합니다.
micro:bit 의 윗 부분에 있는 microUSB 포트를 사용합니다.
2 micro:bit 페어링
아래에 있는 '장치 페어링' 을 클릭한 후, BBC micro:bit CMSIS-DAP 나 DAPLink CMSIS-DAP 를 선택하세요.
도움말 ?
장치 페어링

❸ 펌웨어가 0249 이상으로 업데이트 되었다면 [설정]–[장치 페어링]–[장치 페어링]을 누릅니다.

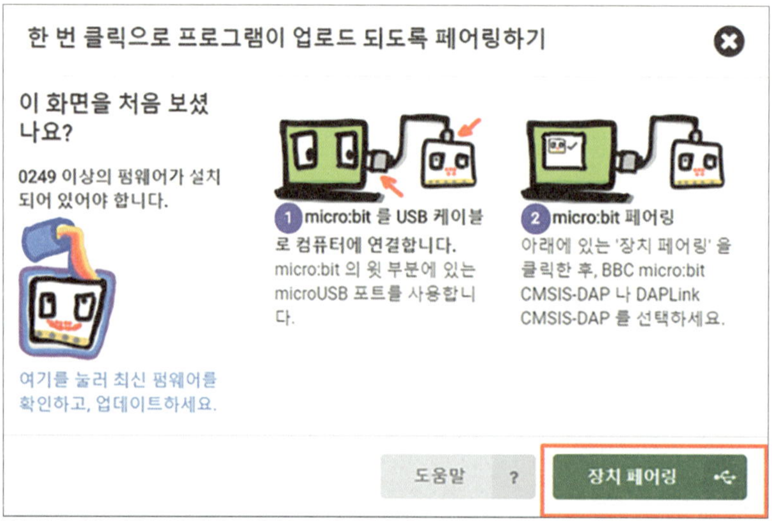
한 번 클릭으로 프로그램이 업로드 되도록 페어링하기
이 화면을 처음 보셨나요?
0249 이상의 펌웨어가 설치되어 있어야 합니다.
여기를 눌러 최신 펌웨어를 확인하고, 업데이트하세요.
1 micro:bit 를 USB 케이블로 컴퓨터에 연결합니다.
micro:bit 의 윗 부분에 있는 microUSB 포트를 사용합니다.
2 micro:bit 페어링
아래에 있는 '장치 페어링' 을 클릭한 후, BBC micro:bit CMSIS-DAP 나 DAPLink CMSIS-DAP 를 선택하세요.
도움말 ?
장치 페어링

4 장치 연결 창이 나오면 BBC microbit(상황에 따라 다른 명칭)을 클릭하고 연결 버튼을 누릅니다.

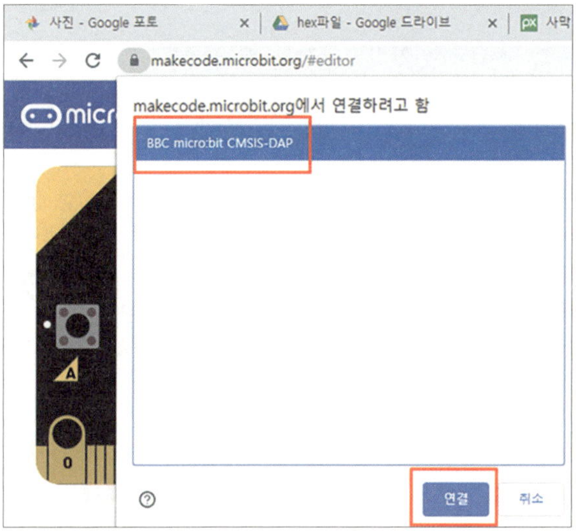

5 장치 페어링이 성공적으로 완료되었다면 다운로드만 눌러도 마이크로비트에 프로그램이 업로드 됩니다.

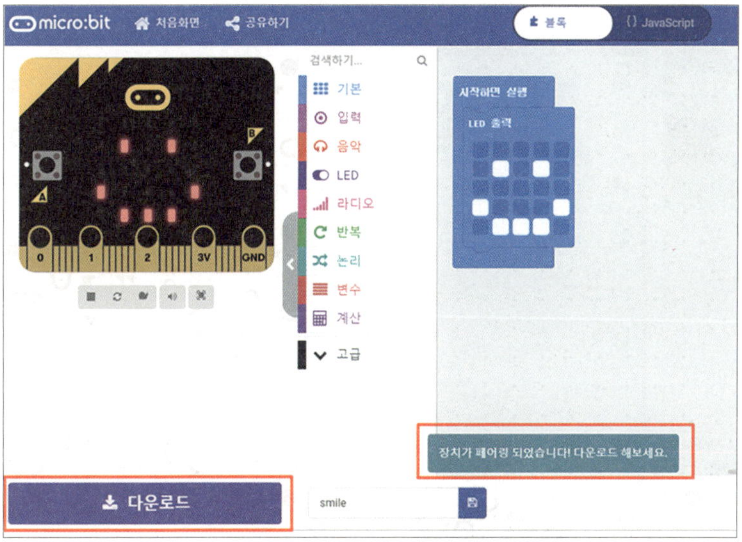

※ 스마트폰 또는 태블릿PC

별도의 어플리케이션 없이 인터넷 접속으로도 프로그램을 만들어 마이크로비트에 업로드 할 수 있습니다. 프로그램을 다운로드 받기 전 미리 마이크로비트의 펌웨어 버전을 0249버전 이상으로 업데이트 해 놓아야 합니다.

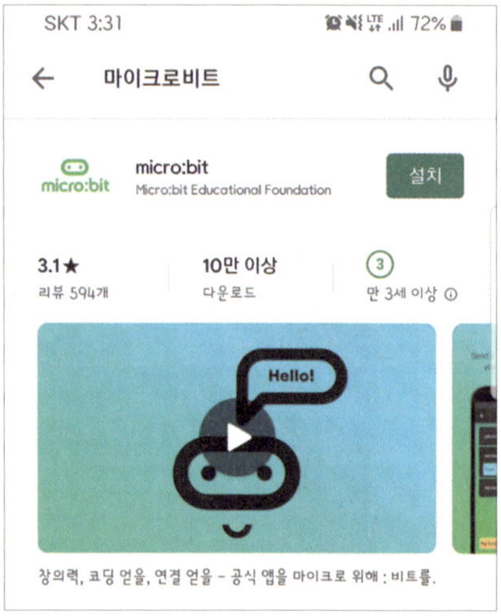

어플리케이션을 이용하려면 [Play 스토어] 또는 [앱스토어]에서 마이크로비트 앱을 검색한 뒤, 설치하여 실행합니다.

본 책에서는 안드로이드 기준 크롬 브라우저 인터넷 접속만으로 프로그램을 만들어 마이크로비트에 업로드 할 수 있는 방법을 소개합니다.

1 **크롬 브라우저( )를 실행하고 주소창에 메이크코드 (https://makecode.microbit.org) 주소를 입력한 뒤 새 프로젝트를 클릭하고 톱니 바퀴 모양(설정)을 눌러 한국어로 언어를 바꿉니다.**

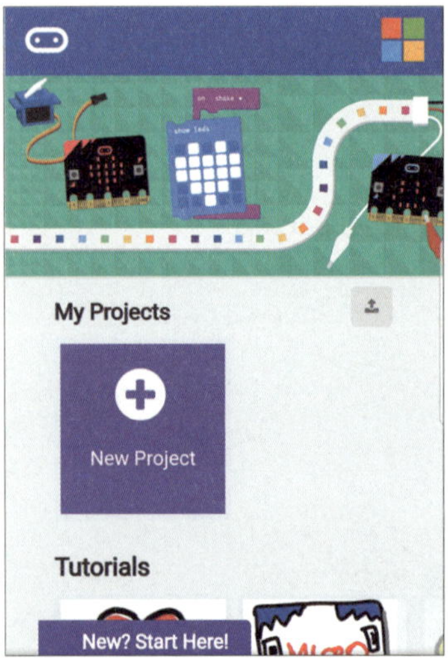

※ 실제 안드로이드 스마트폰의 작동 모습입니다.

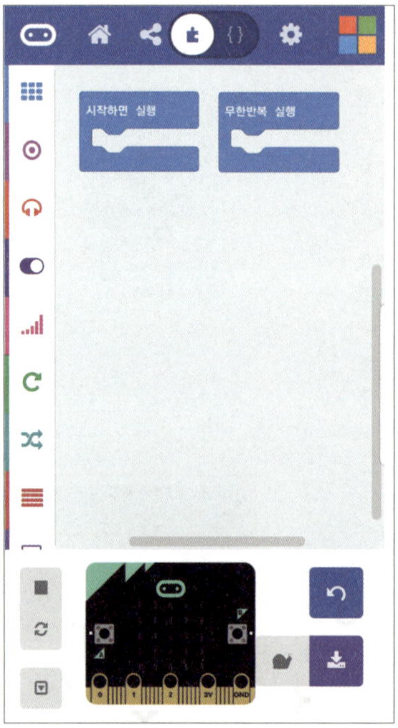

▸ 주소창에 메이크코드 주소를 입력하기 어렵다면?

❶ 웹 브라우저(크롬 권장)를 실행합니다.

❷ 검색창에 '마이크로비트 메이크코드'를 입력합니다.

❸ 메이크코드 사이트를 클릭합니다.

❹ 새 프로젝트를 클릭합니다.

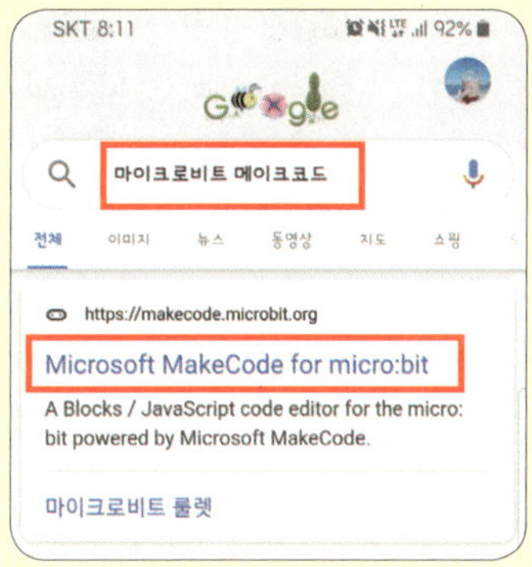

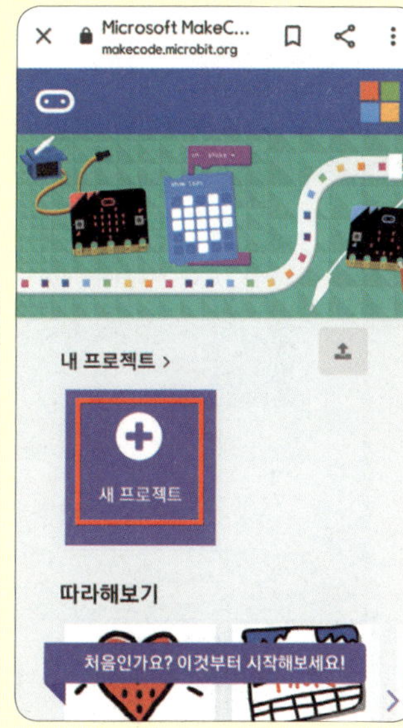

※ 실제 안드로이드 스마트폰의 작동 모습입니다.

2 원하는 프로그램을 만들고 마이크로비트를 USB 케이블로 스마트 폰 또는 스마트패드와 연결합니다.(스마트 폰 또는 스마트패드의 기종에 따라 USB 케이블과 C타입 젠더, 3핀 젠더가 함께 필요할 수 있습니다.)

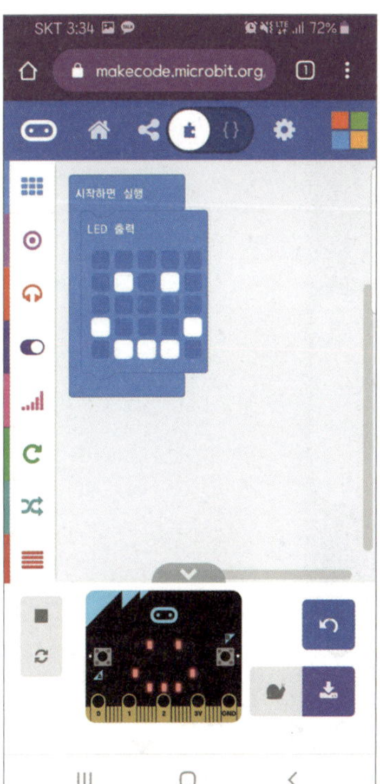

3 톱니바퀴 모양의 [설정] 탭을 누르고 [장치 페어링]을 선택합니다.

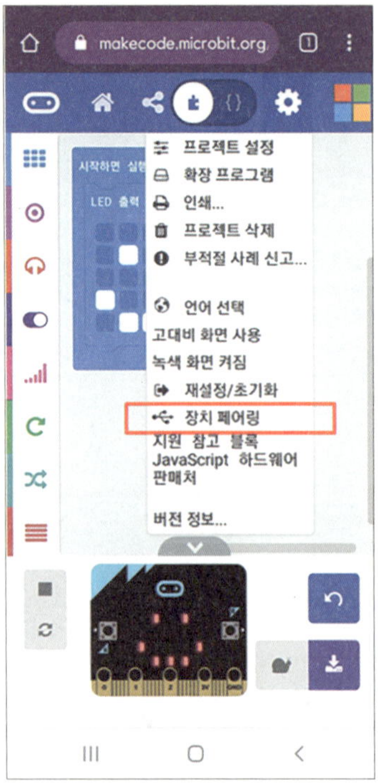

4 기기를 선택하고 연결을 누른 뒤 엑세스를 확인합니다.

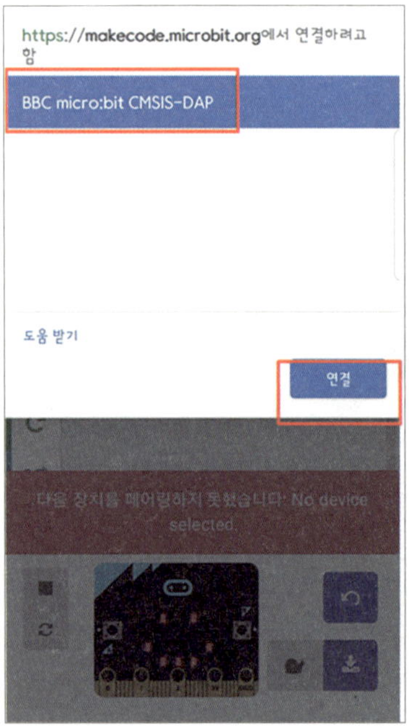

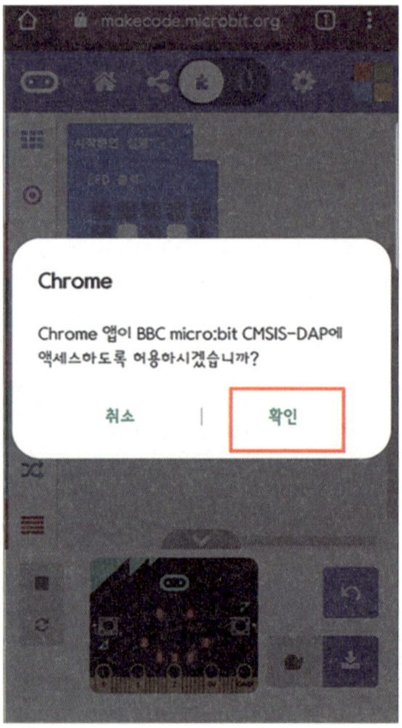

5 다운로드 버튼을 눌러서 마이크로비트에 바로 업로드 한 뒤 확인합니다.

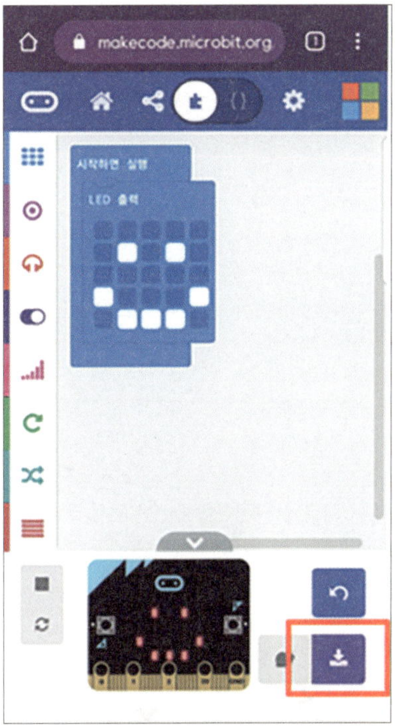

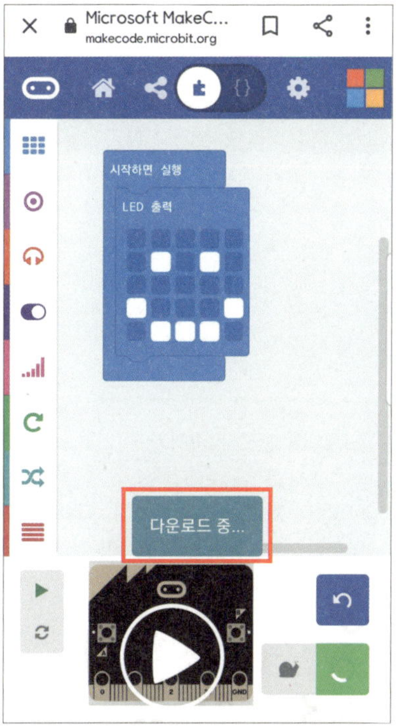

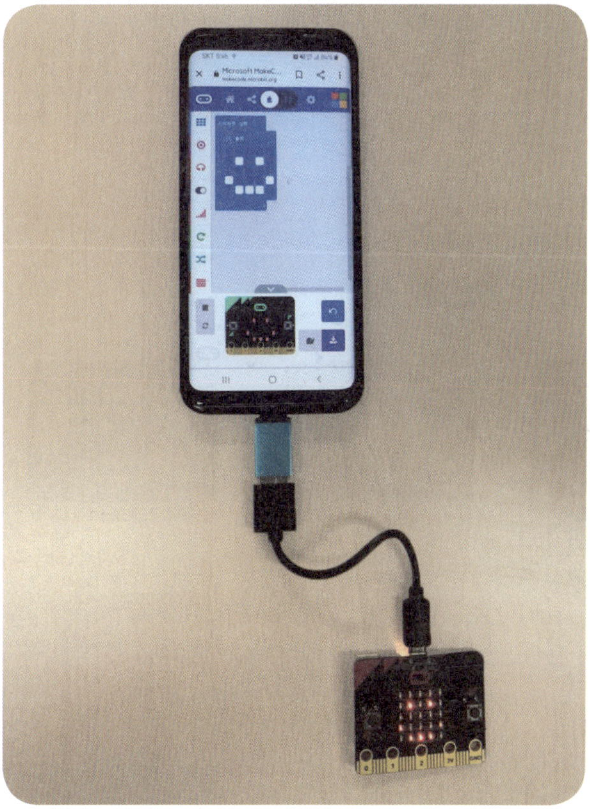

프로젝트 01

반짝이는 정글 지도

1 준비하기

01 : 무엇을 배워볼까요?

학습 주제	마이크로비트 LED 깜빡이기
중점 교과 성취 기준	미술 다양한 자료를 활용하여 아이디어와 관련된 표현 내용을 구체화할 수 있다. 실과 프로그래밍 도구를 사용하여 기초적인 프로그래밍 과정을 체험한다. 수학 초의 의미를 이해하고 초 단위까지 시각을 읽을 수 있다.
컴퓨팅 사고력	문제 분해, 추상화, 알고리즘
프로그래밍 요소	순차, 반복
핵심 역량	지식정보처리, 창의적사고

02 : 사용하는 센서 및 엑츄에이터 알기

LED

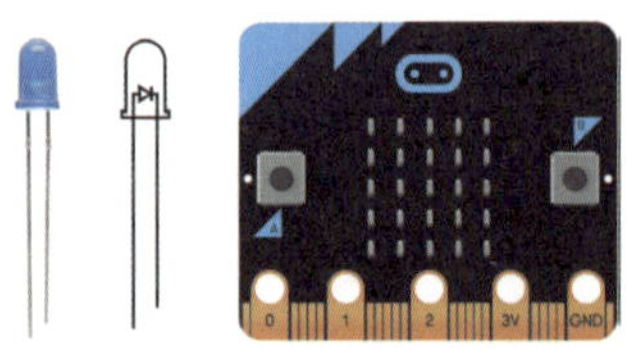

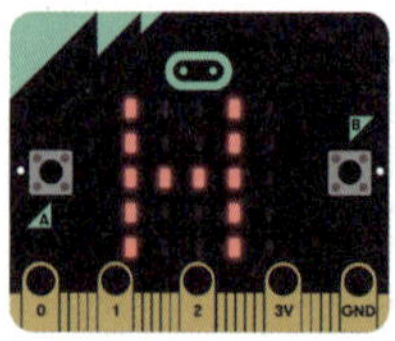

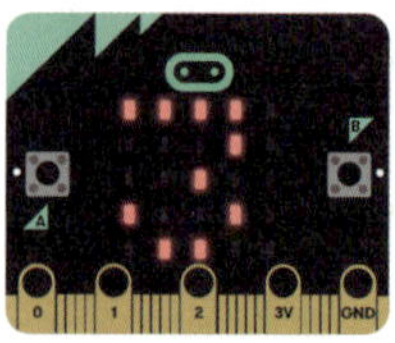

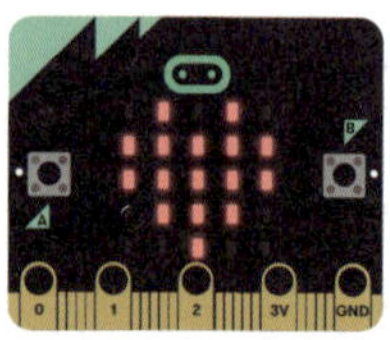

LED는 'Light Emitting Diode'의 줄임말로 '발광(빛이 나는) 다이오드'라는 뜻입니다. 발광 다이오드는 전류가 흐르면 빛을 내는 조명입니다.

마이크로비트의 앞면에는 가로 5개, 세로 5개로 총 25개의 LED가 내장되어 있습니다. 25개 LED는 모두 각각 프로그래밍이 가능하며 LED를 통해서 문자, 숫자, 그림을 표현할 수 있습니다.
또한 프로그래밍을 통해 LED의 밝기를 0(꺼짐)부터 255(최대 밝기)까지 조절할 수 있습니다.

2 이야기 속으로

비비,
어린이 탐험대
초대장이 왔어.
코빗이 지원했던 어린이 탐험대에서 드디어 초대장이 왔다. 3번의 도전 끝에 드디어 어린이 탐험대에 합격하게 되었다.
나의 첫 탐험!
마다가스카르 정글이다!
마다가스카르 섬은 세계에서 4번째로 큰 섬이야. 원래는 아프리카 대륙에 붙어 있었는데 땅이 이동하면서 지금처럼 바다 한 가운데 섬이 되었대.
아프리카
남극대륙
어린이 탐험대의 여정을 확인해 볼까?
안치라나나
Antsiranana
마하장가
Mahajanga
토아마시나
Toamasina
안타나나리보
Antananarivo
피아나란초아
Fianarantsoa
톨리아라
Toliara
동부 열대 우림 지대를 지나 북부 산악지대까지! 정말 기대된다. 어린이 탐험대 탐험 배지를 모두 모아서 꼭 위대한 탐험가 팀에 들어갈거야!
어린이 탐험대 마다가스카르 완료
위대한 탐험가

어린이 탐험대가 탐험하게 될 곳들을
지도에서 별처럼 반짝이게 만들어볼까?
마이크로비트로 반짝이는 정글 지도를 만들어 보는거지!
끄덕 끄덕
마이크로비트를 핸드폰에 연결하고 코딩을 해보자.

어린이 탐험대가 가는 곳에서 하트 모양이 계속 반짝이도록 만들거야! 이름하여 반짝이는 정글 지도!

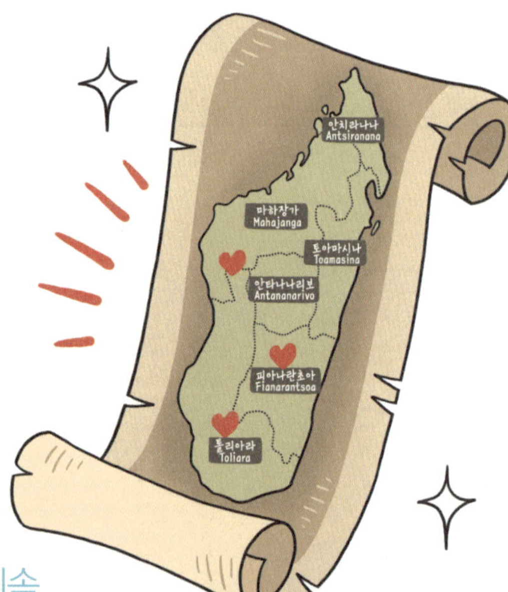

안치라나나 Antsiranana
마하장가 Mahajanga
토아마시나 Toamasina
안타나나리보 Antananarivo
피아나란초아 Fianarantsoa
톨리아라 Toliara

미션 ♥하트 모양이 1초마다 계속 반짝이는 프로그램을 만들어봅시다.

3 나도 메이커

1. 마이크로비트, usb 케이블, 보조배터리, 마다가스카르 정글 지도(부록), 가위를 준비합니다.

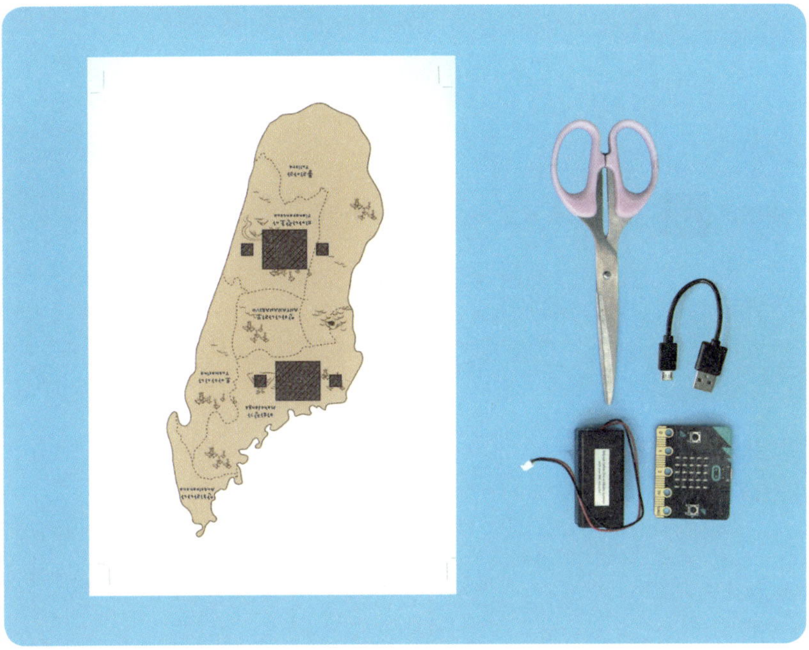

예시 그림은 이해를 돕기 위해 미리 색칠된 도안을 사용하였습니다.

TIP

마이크로비트 배터리에 AA건전지 2개를 미리 끼워놓습니다.

2. 정글 지도 도안을 원하는 대로 색칠 한 뒤 자릅니다.

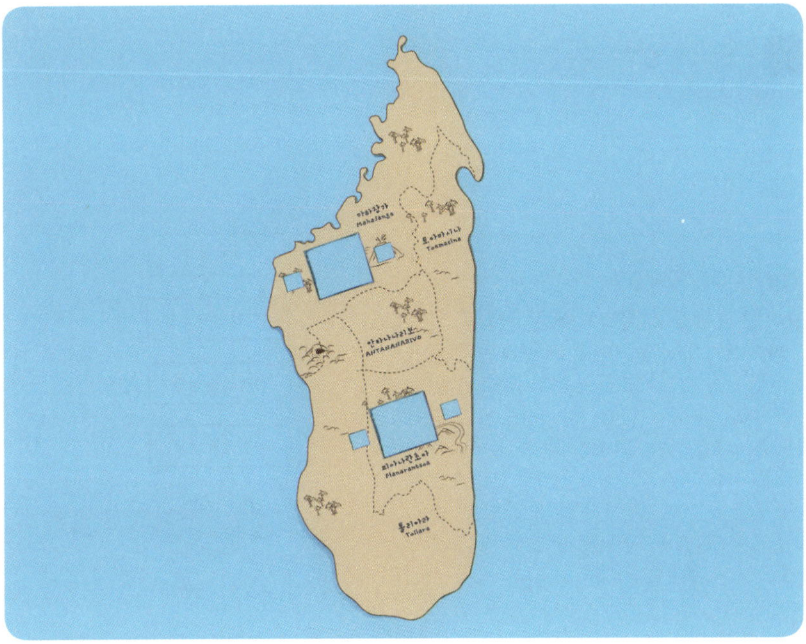

4 코딩 미션 해결하기

Coding ▸ 깜빡이는 LED 하트

01 : 알고리즘 살펴보기

1 글로 알고리즘 작성하기

★ LED가 [하트] 모양으로 1초씩 계속 깜빡인다.

1. 아래의 블록들을 무한 반복합니다.
2.
3. 1초 일시 중지한다.
4.
5. 1초 일시 중지한다.

★ 아래의 〈보기〉에서 찾아 순서대로 적어 보세요.

❶ LED가 [하트] 모양으로 출력된다.
❷ LED 스크린을 지운다.

알고리즘이란 무엇일까요?

알고리즘이란 문제를 해결하기 위한 절차를 말합니다. 해야 할 일을 순서대로 표현하는 것입니다. 종이접기를 할 때에도 순서가 있고 햄버거를 만들 때도 순서가 있죠! 알고리즘은 다양한 방법으로 나타낼 수 있어요. 일이 일어나는 순서를 글로 차례대로 쓸 수도 있고, 그림으로 그릴 수도 있고, 순서도로 나타낼 수도 있죠. 가장 중요한 것은 필요한 단계를 빼놓지 않고 순서대로 표시하는 것이랍니다!

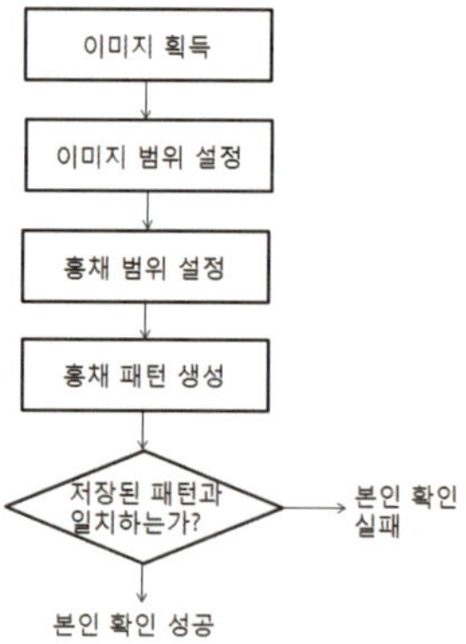

▲ 스마트폰 홍채 인식 알고리즘 순서도

2 블록으로 알고리즘 살펴보기

아래는 블록으로 나타낸 알고리즘입니다. 글로 설명한 부분에 해당하는 블록을 연결해보세요.

무한 반복 실행한다.

LED가 모양으로 출력된다.

1초 동안 일시중지한다.

LED 스크린이 지워진다.

1초 동안 일시 중지한다.

일시중지
1000
(ms)

무한반복 실행

LED 출력

일시중지
1000
(ms)

LED 출력

02 : 코딩하기

마이크로비트를 노트북, 컴퓨터 PC, 또는 스마트 기기에 연결하고 마이크로비트 공식 사이트 'https://microbit.org'로 들어갑니다.

1. 가장 먼저 [기본] 탭에서 [무한 반복 실행] 블록을 가져옵니다.

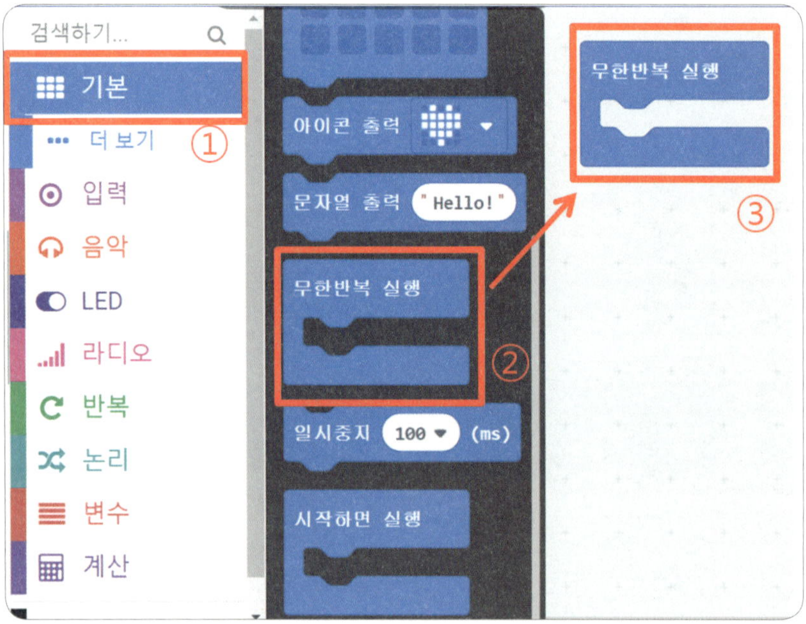

2. [기본] 탭에서 [LED 출력]블록을 연결하고 하트 모양을 만듭니다.

❸ [기본] 탭에서 [일시중지] 블록을 연결하고 화살표를 눌러 1초로 바꿉니다.

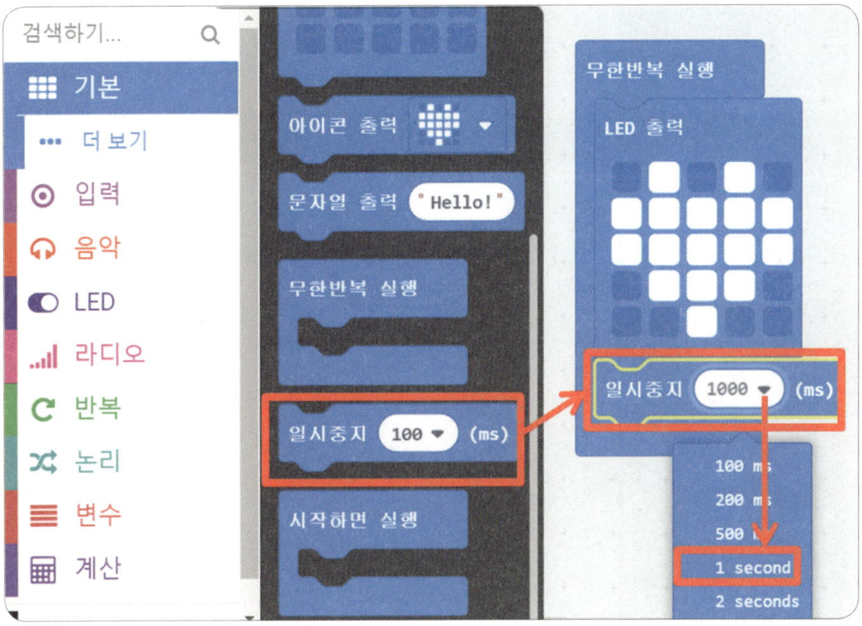

'일시 중지' 블록은 앞, 뒤 블록 사이에 일정 시간 동안 수행을 멈춘다는 의미입니다. '일시 중지' 블럭의 단위는 밀리 세컨드(ms)입니다. 밀리 세컨드는 0.001초를 의미합니다. 1초는 1000ms(밀리 세컨드)입니다.

❹ [기본] 탭에서 [LED 출력] 블록을 연결합니다.

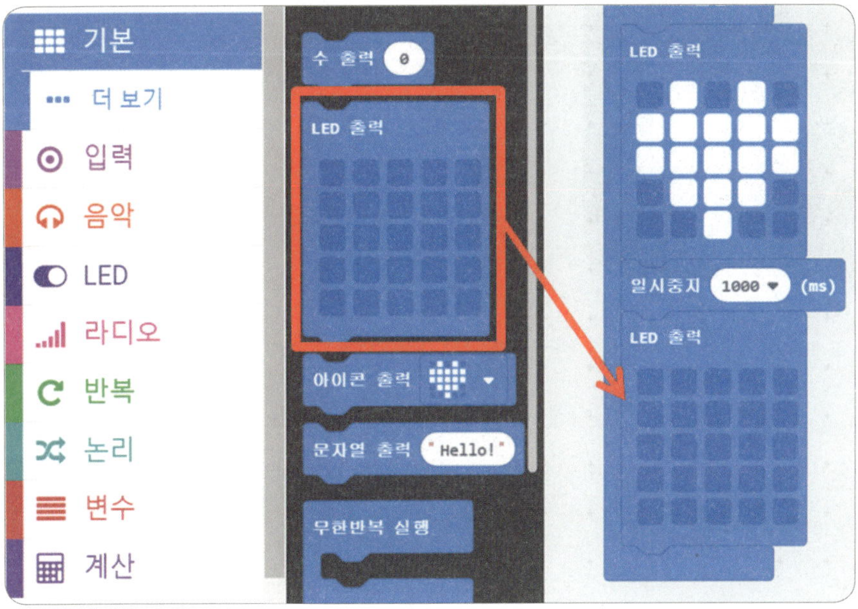

5 [기본] 탭에서 [일시중지] 블록을 연결하고 화살표를 눌러 1초로 바꿉니다.

6 에뮬레이터에서 [시작▶]버튼을 눌러 프로그램이 정상적으로 동작하는지 확인합니다.

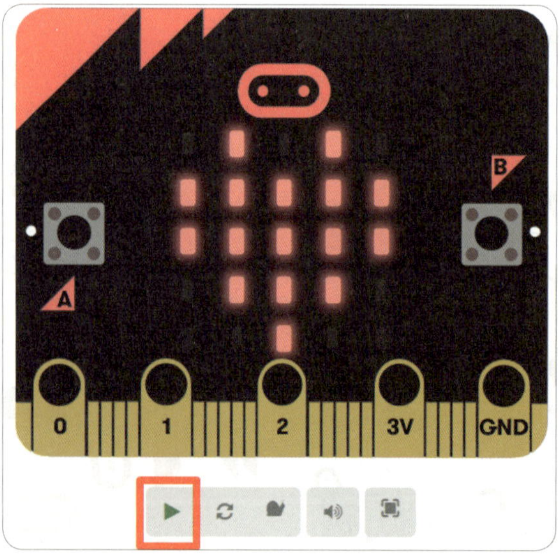

에뮬레이터란? 마이크로비트로 연결하기 전에, 코드가 잘 작동하는지 미리 확인해 볼 수 있는 프로그램입니다.

7 파일 이름을 '반짝이는 정글지도'로 바꾸고 저장 버튼을 누릅니다.

TIP

장치 페어링을 했다면 다운로드 을 눌러 마이크로비트에 바로 업로드 할 수 있습니다.

8 완성된 프로그램을 마이크로비트에 업로드 한 뒤, 마이크로비트를 배터리와 연결합니다. 정글 지도 뒤에 끼워봅니다.

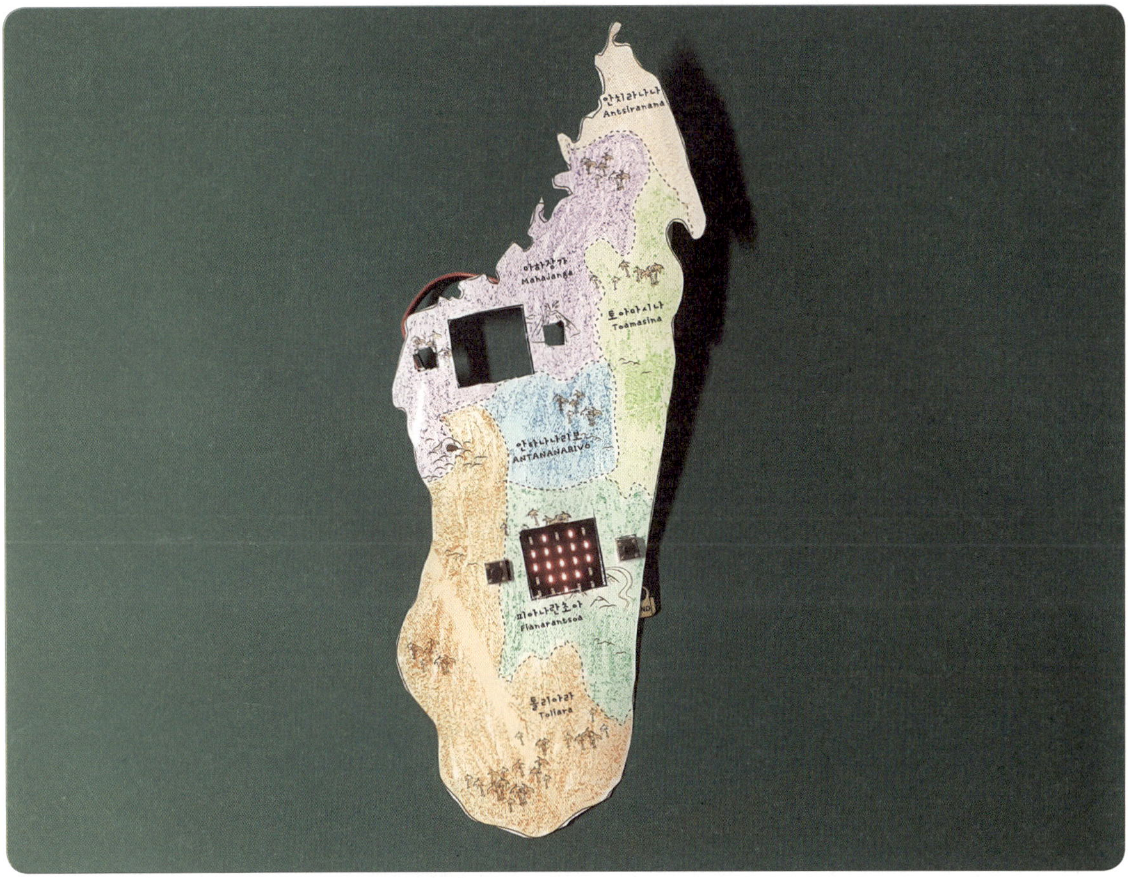

블록 기능 알아보기

• 기본 카테고리

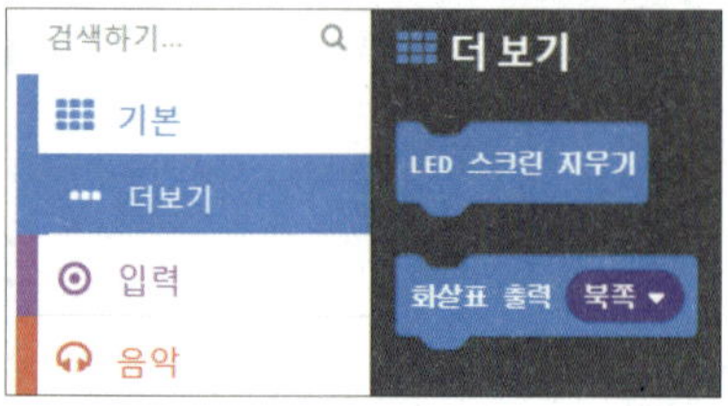

블록	설명
	프로그램이 시작하면 블록들이 차례대로 실행됩니다.
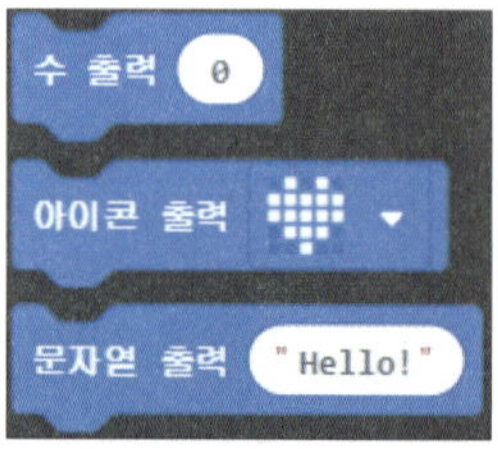	숫자, 아이콘, 문자가 LED 매트릭스에 나타납니다.
	25개의 LED 매트릭스를 직접 설정할 수 있습니다.
	무한 반복 실행 안에 있는 블록들이 계속 반복되어 실행됩니다.
	일정 시간 동안 멈춥니다.
	LED 매트릭스에 나타난 내용을 지웁니다.
	동/서/남/북 등의 화살표가 LED매트릭스에 나타납니다.

5 실력 업그레이드

마다가스카르 지도에서 내가 원하는 곳을 선택해봅시다.
내가 가장 좋아하는 모양이 3단계로 밝기가 달라지며 깜빡이도록 만들어 봅시다.

힌트 LED 스크린 밝기 설정을 50 → 150 → 255 단계로 점차 밝게 해봅니다. LED 탭 - 더보기 - [LED 스크린 밝기를 ◯로 설정] 블록을 활용해 보세요.

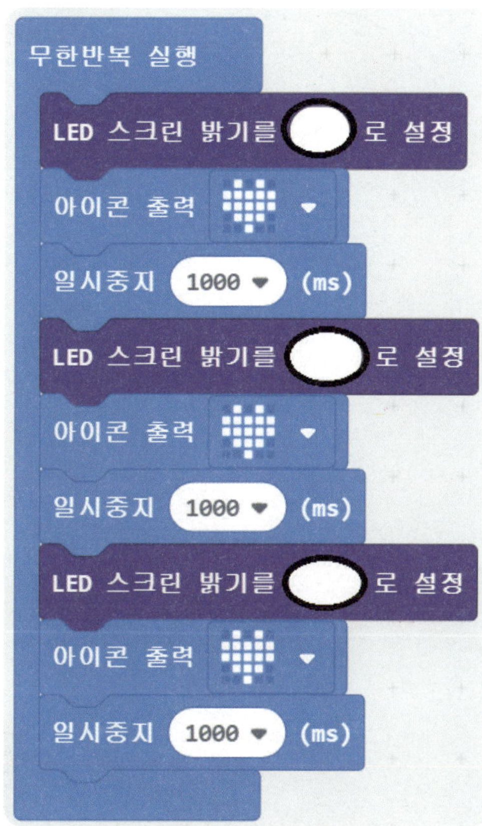
무한반복 실행
LED 스크린 밝기를 로 설정
아이콘 출력
일시중지 1000 (ms)
LED 스크린 밝기를 로 설정
아이콘 출력
일시중지 1000 (ms)
LED 스크린 밝기를 로 설정
아이콘 출력
일시중지 1000 (ms)

6 생태 학습

마다가스카르는 어떤 곳일까요?

마다가스카르

위치 : 아프리카 대륙 동쪽인도양
수도 : 안타나나리보
국기 :

지리, 기후

세계에서 4번째로 큰 섬.
열대 기후, 온대 기후, 건조 기후 등 다양한 기후가 나타남.

주민

메리나족(말레이인) 26%
베티미사라카족, 베틸레우족, 투미헤티족 등 18개~20개의 부족이 살고 있음.

언어

말라가시어 – 마스뚜(고마워요)
프랑스어 – 봉쥬르(안녕하세요)

7 예시 답안

1 미션

무한반복 실행
LED 출력
일시중지 1000 (ms)
LED 스크린 지우기
일시중지 1000 (ms)

2 업그레이드 미션

무한반복 실행
LED 스크린 밝기를 50 로 설정
아이콘 출력
일시중지 1000 (ms)
LED 스크린 밝기를 150 로 설정
아이콘 출력
일시중지 1000 (ms)
LED 스크린 밝기를 255 로 설정
아이콘 출력
일시중지 1000 (ms)

02 프로젝트 SOS 깃발

1 준비하기

01 : 무엇을 배워볼까요?

학습 주제	마이크로비트 LED로 글자와 아이콘 나타내기
중점 교과 성취 기준	수학 초의 의미를 이해하고 초 단위까지 시각을 읽을 수 있다. 영어 실물이나 그림을 보고 쉽고 간단한 낱말이나 어구를 쓸 수 있다. 실과 절차적 사고에 의한 문제 해결의 순서를 생각하고 적용한다.
컴퓨팅 사고력	**자료표현, 알고리즘**
프로그래밍 요소	순차, 반복
핵심 역량	의사소통, 자신감

02 : 사용하는 센서 및 엑츄에이터 알기

LED

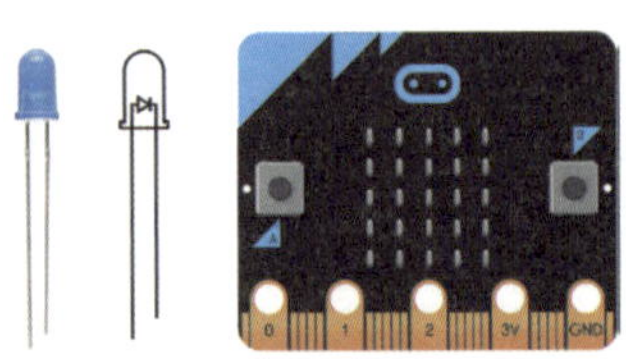
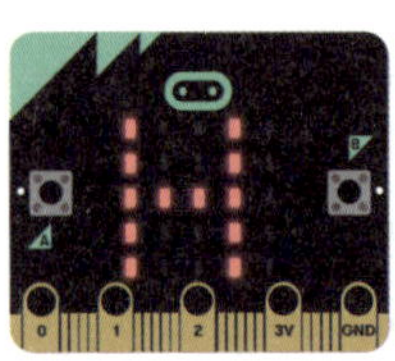
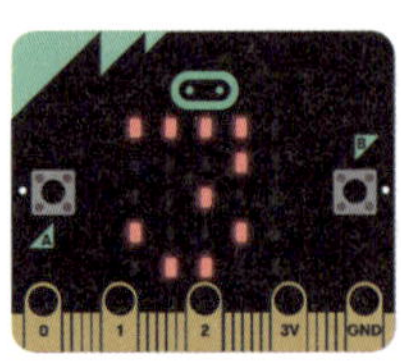
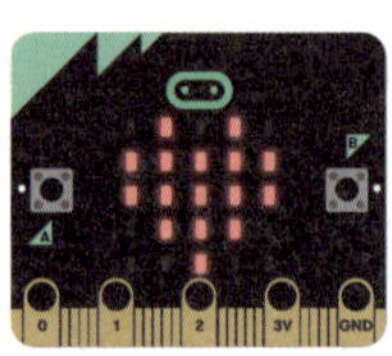

LED는 'Light Emitting Diode'의 줄임말로 '발광(빛이 나는) 다이오드'라는 뜻입니다. 발광 다이오드는 전류가 흐르면 빛을 내는 조명입니다.	마이크로비트의 앞면에는 가로 5개, 세로 5개로 총 25개의 LED가 내장되어 있습니다. 25개 LED는 모두 각각 프로그래밍이 가능하며 LED를 통해서 문자, 숫자, 그림을 표현할 수 있습니다. 또한 프로그래밍을 통해 LED의 밝기를 0(꺼짐)부터 255(최대 밝기)까지 조절할 수 있습니다.

2 이야기 속으로

코빗, 조심히 잘 다녀와~
어린이 탐험대 여러분 안녕하세요? 저는 탐험대장 메리입니다. 이제 비행기를 타고 마다가스카르로 출발합니다.
안치라나나 Antsiranana
마하장가 Mahajanga
토아마시나 Toamasina
안타나나리보 Antananarivo
피아나란초아 Fianarantsoa
톨리아라 Toliara
마다가스카르의 수도인 안타나나리보로 도착한 뒤, 동쪽 열대 우림지역으로 가게 될 것입니다.
무사히 탐험을 마치면 어린이 탐험대 배지가 주어지는 것은 알고 있죠? 길을 잃지 않도록 주의하세요!
어린이 탐험대 마다가스카르 완료
출발~~
비비! 이것봐! 유칼립투스야! 유칼립투스 나뭇잎은 모기나 독벌레를 쫓아준대. 한 번 실험해볼까?

여기가 어디지? 비비, 우리 길을 잃었나봐. 탐험대는 차를 타고 숙소로 간다고 했어.
핸드폰 전화도 되지 않아. 열대 우림 어느 쪽으로 간 걸까? 해도 지고 있는데 큰일이네.
정글의 밤은 아주 무서울텐데 말이야. 얼른 구조 요청을 해보자.
구조 요청을 어떻게 하지? 너무 무서워서 아무것도 생각이 안나.
좋아! 마이크로비트로 SOS 글자를 나타내자!
끄덕
끄덕
깃발에 마이크로비트를 끼우고 높이 들면 누군가는 볼 수 있을 거야!

미션 구조 요청을 위해 SOS 글자와 그림이 반복해서 나오도록 코딩해봅시다.

3 나도 메이커

1 마이크로비트, usb 케이블, 보조배터리, 깃발 그림(부록), 가위를 준비합니다.

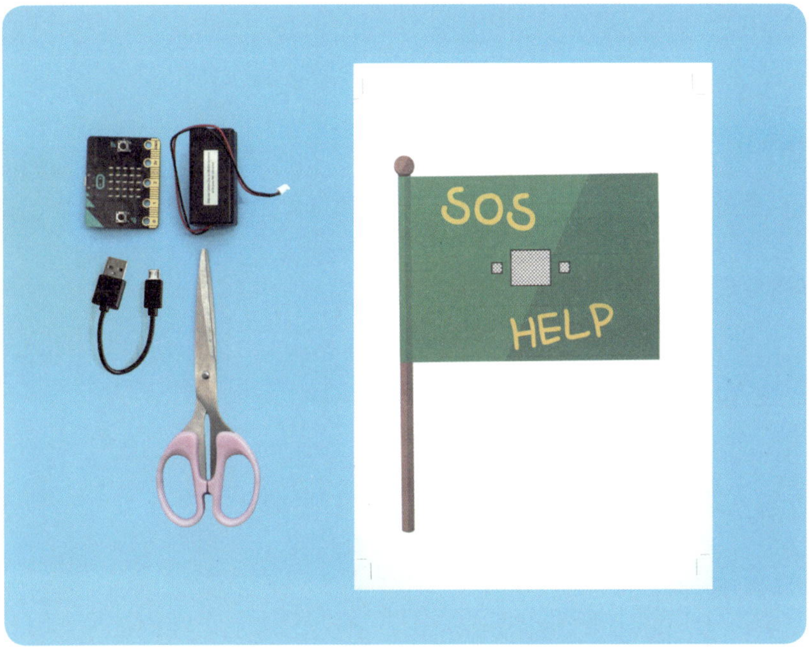

예시 그림은 이해를 돕기 위해 미리 색칠된 도안을 사용하였습니다.

TIP
마이크로비트 배터리에 AA건전지 2개를 미리 끼워놓습니다.

2 깃발을 원하는 대로 꾸미고 자릅니다.

4 코딩 미션 해결하기

Coding ▸ LED로 글자와 그림 나타내기

01 : 알고리즘 살펴보기

1 글로 알고리즘 작성하기

★ 'SOS'글자와 '슬픈 표정'이 0.5초 간격으로 계속 반복하여 나온다.

1. 아래의 블록들을 무한 반복합니다.
2.
3. 0.5초 일시 중지한다.
4.
5. 0.5초 일시 중지한다.

★ 아래의 〈보기〉에서 찾아 순서대로 적어 보세요.

❶ 슬픈 표정 그림이 나온다.
❷ 'SOS' 글자가 나온다. .

순차 구조란?

종이 접기를 해 본 적 있나요? 종이 접기 순서도의 차례에 맞게 종이를 접으면 멋진 작품이 완성되죠. 이와 마찬가지로 알고리즘을 작성하고 코딩을 할 때에도 명령어를 순서대로 작성해야 합니다. **컴퓨터는 순서대로 작성된 명령어를 보고 먼저 작성된 명령어부터 실행**한 뒤, 그 다음 명령들을 차례차례 실행한답니다. 블록 코딩을 할 때에는 명령어 블록을 위에서 아래로 순서대로 놓아야 원하는 프로그램을 만들 수 있죠!

반복문이란?

반복은 같은 일을 되풀이 하는 것을 뜻합니다. 학교 종이 땡땡땡~ 학교 종을 사람이 직접 친다고 생각해 볼까요? 등교시간부터 하교시간까지 시계만 보며 힘들게 일하고 있겠죠? 하지만 컴퓨터는 이와 같이 되풀이하는 것을 아주 잘합니다. 시간을 정하고 종소리를 선택한 후 반복 명령만 내려주면 매일 정해진 시간에 종소리를 울려줍니다. 컴퓨터의 반복은 어떤 조건이 만족할 때까지 반복할 수도 있으며, 무한히 반복을 시킬 수도 있습니다.

2 블록으로 알고리즘 살펴보기

아래는 블록으로 나타낸 알고리즘입니다. 글로 설명한 부분에 해당하는 블록을 연결해보세요.

설명	블록
무한 반복 실행한다. •	• 문자열 출력 " SOS "
'SOS'글자가 나온다. •	• 무한반복 실행
0.5초 동안 일시 중지한다. •	• 일시중지 500 ▾ (ms)
슬픈 표정 그림이 출력된다. •	• 일시중지 500 ▾ (ms)
0.5초 동안 일시 중지한다. •	• 아이콘 출력 ▾

02 : 코딩하기

마이크로비트를 노트북, 컴퓨터 PC, 또는 스마트기기에 연결하고 마이크로비트 공식 사이트 'https://microbit.org'로 들어갑니다.

1. 가장 먼저 [기본] 탭에서 [무한 반복 실행] 블록을 연결한 뒤, [기본] 탭에서 [문자열 출력]블록을 연결하고 SOS라고 입력합니다.

무한반복 실행
문자열 출력 " SOS "

'무한반복 실행' 블록

'무한반복 실행' 블록은 안에 있는 블록을 계속해서 반복시킵니다.
만약 '조건 블록'이 '무한 반복 실행' 블록 안에 있다면 계속해서 그 조건에 해당하는지 확인하는 중요한 역할을 하죠.
지금 우리가 만들고 있는 코드에서도 '무한 반복 실행' 블록은 SOS 글자와 슬픈 표정이 0.5초씩 번갈아서 무한히 나타나게 해줄거에요.

2. [기본] 탭에서 [일시중지] 블록을 연결하고 화살표를 눌러 0.5초로 바꿉니다.

'일시 중지' 블록은 앞, 뒤 블록 사이에 일정 시간 동안 수행을 멈춘다는 의미입니다. '일시 중지' 블럭의 단위는 밀리 세컨드(ms)입니다. 밀리 세컨드는 0.001초를 의미합니다. 1초는 1000ms이고 0.5초는 500ms입니다.

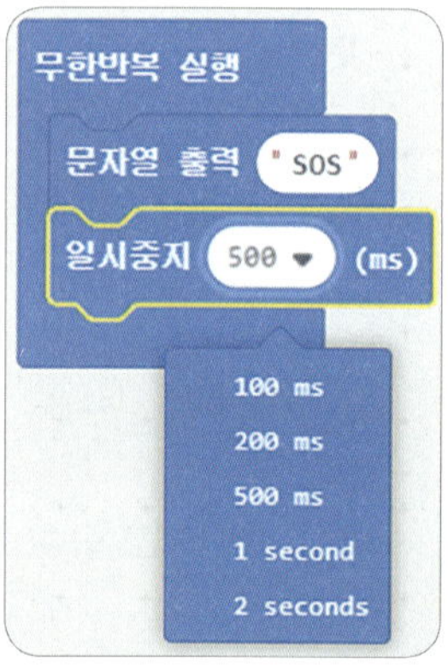
무한반복 실행
문자열 출력 " SOS "
일시중지 500 (ms)
100 ms
200 ms
500 ms
1 second
2 seconds

3. [기본] 탭에서 [아이콘 출력] 블록을 연결하고 '슬픈' 표정을 찾습니다.

무한반복 실행
문자열 출력 " SOS "
일시중지 500 (ms)
아이콘 출력

4 [기본] 탭에서 [일시중지] 블록을 연결하고 화살표를 눌러 0.5초로 바꿉니다.

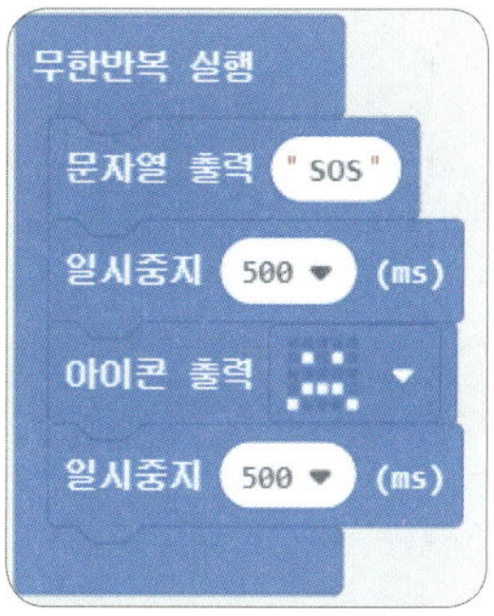

5 에뮬레이터에서 [시작▶]버튼을 눌러 프로그램이 정상적으로 동작하는지 확인합니다.

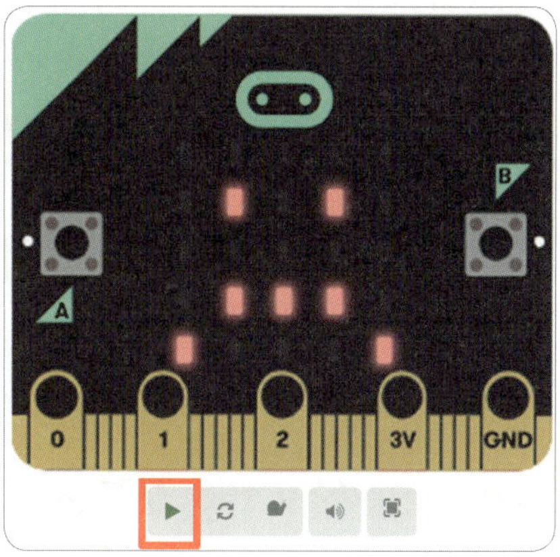

6 파일 이름을 'SOS깃발'로 바꾸고 저장 버튼을 누릅니다.

TIP

장치 페어링을 했다면 [다운로드]을 눌러 마이크로비트에 바로 업로드 할 수 있습니다.

7 완성된 프로그램을 마이크로비트에 업로드 한 뒤, 마이크로비트를 배터리와 연결합니다. 깃발 뒤에 끼우고 뒷부분은 투명 테이프로 고정시켜 봅니다.

블록 기능 알아보기

• 입력 카테고리

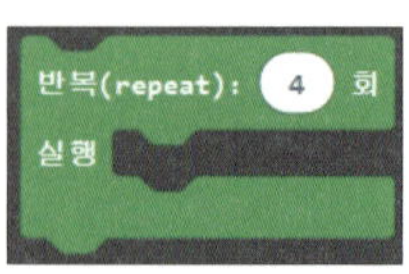	○안에 입력한 숫자만큼 블록 안에 있는 명령 블록들을 반복해서 실행합니다.
	◇안의 조건에 맞는 경우까지 블록 안에 있는 명령 블록들을 반복해서 실행합니다.
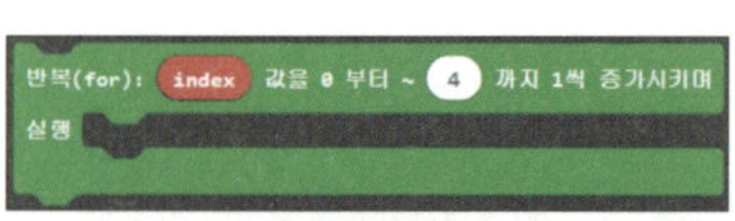	0부터 입력한 숫자의 값까지 변수 값이 증가하면서 안에 있는 명령 블록들을 반복해서 실행합니다.
	배열(Array)의 요소 수만큼 반복해서 각각의 배열의 요소에 접근할 수 있도록 합니다.
	[기본] 카테고리에서 제공되는 블록으로 안에 있는 명령 블록들을 계속 반복해서 실행합니다.

5 실력 업그레이드

깃발을 흔들었을 때 내가 원하는 구조 요청 글자와 그림이 0.5초 간격으로 계속 반복되도록 만들어 봅시다.

힌트 [입력] 탭 - 
감지하면 실행
블록을 활용해 보세요.

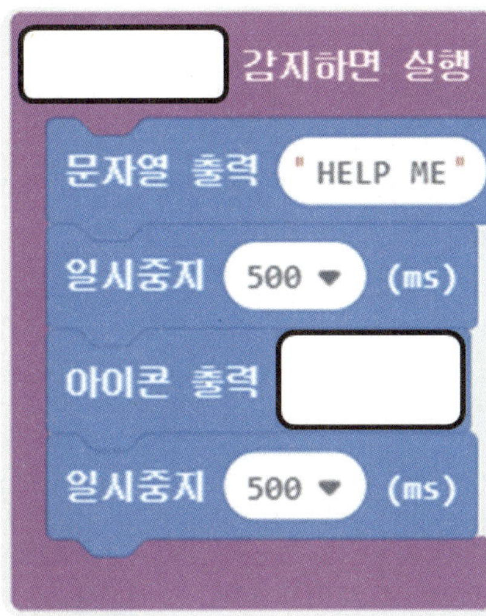
감지하면 실행
문자열 출력 " HELP ME "
일시중지 500 (ms)
아이콘 출력
일시중지 500 (ms)

6 생태 학습

마다가스카르 식물 탐험

유칼립투스

모기, 독벌레 퇴치합니다. 허브차나 오일을 만드는 데 쓰이기도 합니다.

부채잎파초

마다가스카르 특산종입니다. 줄기 안에는 물이 들어있지만 흙탕물이기 때문에 정수를 해서 마셔야 합니다. 여행객 나무, 나그네 나무라고도 불립니다.

빅사

립스틱나무라고 불리웁니다. 빨간색 씨에서 천연 향신료가 나오는데 착색료로 사용됩니다.

기름야자

열매가 기름을 많이 함유하고 있어서 열매를 짜서 팜유라는 기름을 만들 수 있습니다.

잭프루트

세계에서 제일 큰 과일이라는 별명이 있습니다. 열매를 삶아 먹거나 쪄 먹을 수 있습니다.

7 예시 답안

1 미션

무한반복 실행
문자열 출력 " SOS "
일시중지 500 (ms)
아이콘 출력
일시중지 500 (ms)

2 업그레이드 미션

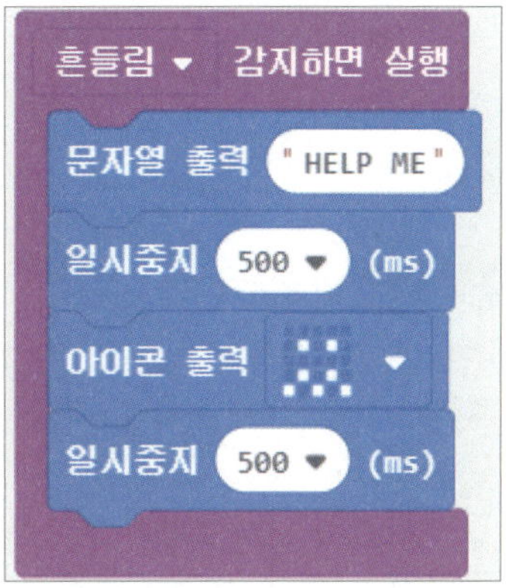

흔들림 감지하면 실행
문자열 출력 " HELP ME "
일시중지 500 (ms)
아이콘 출력
일시중지 500 (ms)

03 프로젝트 정글 동물 가면

1 준비하기

01 : 무엇을 배워볼까요?

학습 주제	버튼을 눌러 글자와 그림 나타내기
중점 교과 성취 기준	미술 다양한 자료를 활용하여 아이디어와 관련된 표현 내용을 구체화 할 수 있다. 실과 자료를 입력하고 필요한 처리를 수행한 후 결과를 출력하는 단순한 프로그램을 설계한다.
컴퓨팅 사고력	분해, 추상화, 알고리즘, 병렬화
프로그래밍 요소	순차, 입출력
핵심 역량	지식정보처리, 의사소통, 창의적 사고

02 : 사용하는 센서 및 엑츄에이터 알기

A,B버튼(디지털 입력(Input))

버튼을 누르는 것, 누르지 않는 것은 디지털 신호인 0과 1을 이용하는 것입니다. 버튼을 누르지 않으면 디지털 신호는 0이 되어 아무것도 작동하지 않습니다. 버튼을 누르면 디지털 신호는 1이 되어 저장된 프로그램이 실행됩니다.	마이크로비트에는 디지털 신호를 이용하는 입력 버튼으로 A버튼과 B버튼이 있습니다. A버튼을 눌렀을 때, B버튼을 눌렀을 때, A+B버튼을 눌렀을 때 총 3개의 조건을 만들 수 있습니다. 코딩을 통해 버튼을 눌렀을 때 어떠한 동작을 하도록 설정할 수 있습니다.

2 이야기 속으로

구조 요청을 보낸 지 한참이 지났지만 아무 소식이 없다.
S
구조 요청 하신 분? 여기 계신가요?
여기요! 여기! 깃발을 봐주세요!
S
여기 있었군요. 다치지 않아서 다행이네요. 저는 탐험가 준입니다.
저는 길을 잃은 어린이 탐험대원들을 도와 탐험을 무사히 마치도록 도와주는 역할을 하고 있지요.
위대한 탐험가
와! 정말 감사해요. 저는코빗이고 제가 기르는 강아지 비비에요! 아까는 너무 무서워서 울 뻔 했어요.

나를 만났으니 걱정 말아요. 하지만 정글의 밤은 무척 무섭고 위험하답니다. 아까처럼 소리를 지르면 동물들이 갑자기 몰려올 수도 있어요.
동물들의 공격을 피하려면 일단 동물처럼 위장을 해야 해요. 보통은 마다가스카르에 가장 많이 살고 있는 여우원숭이 가면을 쓰죠.
최대한 소리를 내지 않고 눈과 손으로만 대화해야 하는 것이 좋지요.
쉿~~~!!
!!
여우원숭이 가면에 마이크로비트를 끼우면 소리내지 않고 원하는 말과 표정을 나타낼 수 있어요.
오! 마이크로비트로 말과 표정을 나타낸다고요? 그럼 나는 여러분이 쓸 여우원숭이 가면을 만들게요.
저와 비비는 마이크로비트에 코딩을 하겠습니다!
yeh~~
열심~
열심~

미션 A버튼을 눌렀을 때는 Hello(안녕)와 웃는 표정이 나옵니다. B버튼을 눌렀을 때는 Bye(잘가)와 자는 표정이 나옵니다. A와 B버튼을 동시에 눌렀을 때는 Thank you(고마워)와 하트 그림이 나오게 합니다.

3 나도 메이커

1 마이크로비트, usb 케이블, 보조배터리, 동물 가면(부록), 가위를 준비합니다.

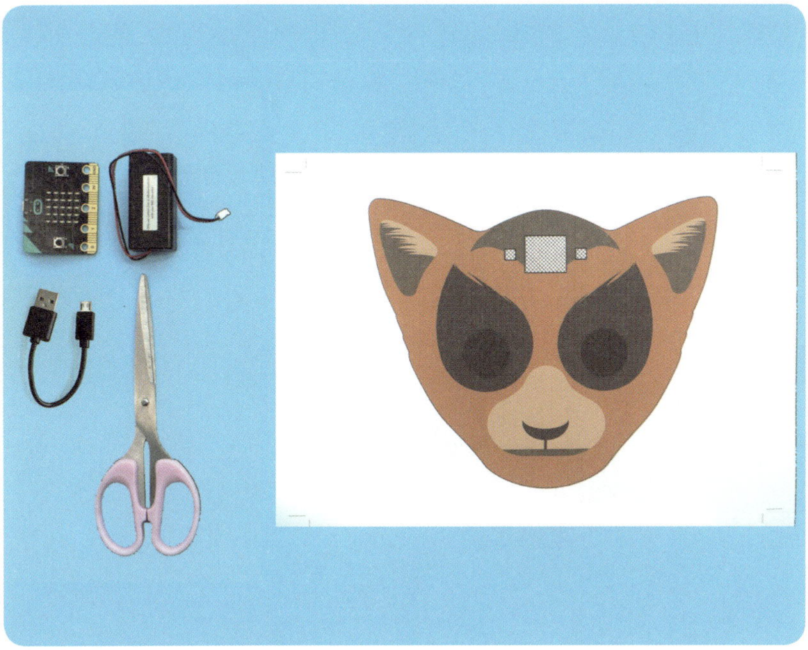

예시 그림은 이해를 돕기 위해 미리 색칠된 도안을 사용하였습니다.

TIP

마이크로비트 배터리에 AA건전지 2개를 미리 끼워놓습니다.

2 여우원숭이 가면에 색칠을 한 뒤 자릅니다.

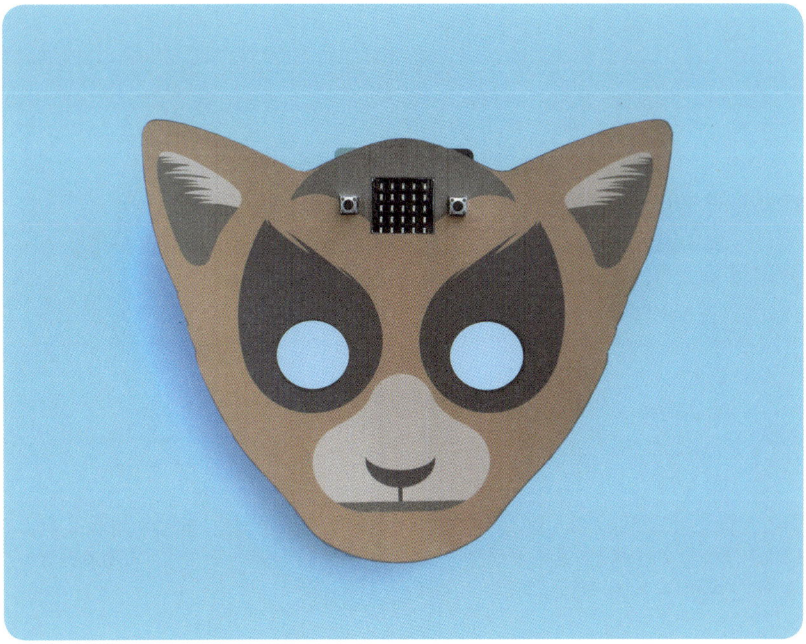

4 코딩 미션 해결하기

Coding ▶ 버튼을 눌러 글자와 그림 나타내기

01 : 알고리즘 살펴보기

1 글로 알고리즘 작성하기

★ A버튼을 누르면 'Hello'가 나오고 0.1초 뒤에 스마일 아이콘이 나옵니다.

1.
2. Hello 문자가 나옵니다.
3. 0.1초 일시 중지한다.
4.

★ 아래의 〈보기〉에서 찾아 순서대로 적어 보세요.

❶ 스마일 아이콘이 나옵니다.
❷ A버튼을 누르면 아래의 블록들이 실행됩니다.

컴퓨팅 사고력이란 무엇일까요?

컴퓨팅 사고력이란 **컴퓨팅의 기본적인 개념과 원리를 활용하여 문제를 효율적으로 해결할 수 있는 사고 능력**을 말해요.
예를 들어 우리 반이 요새 너무 시끄러워서 쉬는 시간에도 쉴 수가 없는 문제가 있어요. 문제를 해결하려면 어떻게 해야 할까요? 코빗과 코빗의 반 친구들이 문제를 해결한 과정을 살펴봅시다!

학급 회의를 함. → 소음 측정 경보기를 만들기로 결정 → 소음 측정 센서 값이 70bd(데시벨)을 넘으면 LED가 깜빡이도록 코딩하여 마이크로비트에 업로드함. → 소음 측정 경보기를 3D 펜으로 만들고 마이크로비트를 끼움.

이 모든 과정이 컴퓨팅 사고력이에요. 컴퓨터를 활용해 문제를 해결한 모든 과정이 컴퓨팅 사고력을 길러주죠! 컴퓨팅 사고력을 잘 활용하면 변화하는 세상을 이해하고 조금 더 편리하고 효율적으로 삶을 살아갈 수 있게 되죠!

★ B버튼을 누르면 'Bye"가 나오고 0.1초 뒤에 잠듦 아이콘이 나옵니다.

1.
2. Bye 문자가 나옵니다.
3.
4. 잠듦 아이콘이 나옵니다.

★ 아래의 〈보기〉에서 찾아 순서대로 적어 보세요.

❶ 0.1초 일시 중지한다.
❷ B버튼을 누르면 아래의 블록들이 실행됩니다.

★ A와 B버튼을 동시에 누르면 'Thank you'가 나오고
0.1초 뒤에 하트 아이콘이 나옵니다.

1.
2. Thank you 문자가 나옵니다.
3. 0.1초 일시 중지한다.
4.

★ 아래의 〈보기〉에서 찾아 순서대로 적어 보세요.

❶ 하트 아이콘이 나옵니다.
❷ A+B버튼을 누르면 아래의 블록들이 실행됩니다.

이벤트란 무엇일까요?

올림픽 육상 경기에서 선수들은 언제 출발할까요? 바로 총소리가 '탕'하고 들릴 때입니다. 컴퓨터도 프로그램을 시작하기 위해 준비를 하고 있다가 프로그램을 시작하라는 시작 신호가 울리면 그 때 프로그램을 실행합니다.
이벤트는 바로 프로그램이 실행을 시작하도록 사용자가 행하는 어떠한 동작이나 사건을 말합니다. 예를 들어, 마우스의 버튼을 클릭했을 때, A버튼을 눌렀을 때, 키보드를 눌렀을 때, 마이크로비트를 흔들었을 때처럼 말이죠. 이런 시작 신호를 보내야만 컴퓨터는 프로그램을 실행한답니다.

2 블록으로 알고리즘 살펴보기

아래는 블록으로 나타낸 알고리즘입니다. 글로 설명한 부분에 해당하는 블록을 연결해보세요.

• A버튼을 눌렀을 때

설명	블록
A버튼을 누르면 아래의 블록들이 실행됩니다.	
Hello 문자가 나옵니다.	
0.1초 일시 중지한다.	
스마일 아이콘이 나옵니다.	

• B버튼을 눌렀을 때

B버튼을 누르면 아래의 블록들이 실행됩니다. •

Bye 문자가 나옵니다. •

0.1초 일시 중지한다. •

잠듦 아이콘이 나옵니다. •

• 
아이콘 출력

• 
B
누르면 실행

• 
일시중지
100
(ms)

• 
문자열 출력
"Bye"

• A+B버튼을 눌렀을 때

A+B버튼을 누르면 아래의 블록들이 실행됩니다. •

Thank you 문자가 나옵니다. •

0.1초 일시 중지한다. •

하트 아이콘이 나옵니다. •

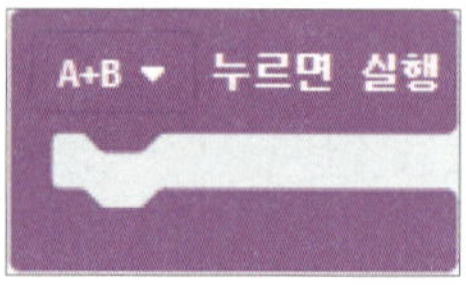

02 : 코딩하기

마이크로비트를 노트북, 컴퓨터 PC, 또는 스마트기기에 연결하고 마이크로비트 공식 사이트 'https://microbit.org'로 들어갑니다.

1. 가장 먼저 [입력] 탭에서 [A 누르면 실행] 블록을 연결한 뒤, [기본] 탭에서 [문자열 출력]블록을 연결하고 Hello를 입력합니다.

A 누르면 실행
문자열 출력 "Hello!"

2. [기본] 탭에서 [일시중지] 블록을 연결하고 화살표를 눌러 0.1초로 바꿉니다.

A 누르면 실행
문자열 출력 "Hello!"
일시중지 100 (ms)
100 ms
200 ms
500 ms
1 second
2 seconds

3. [기본] 탭에서 [아이콘 출력] 블록을 연결하고 '웃는' 표정을 찾습니다.

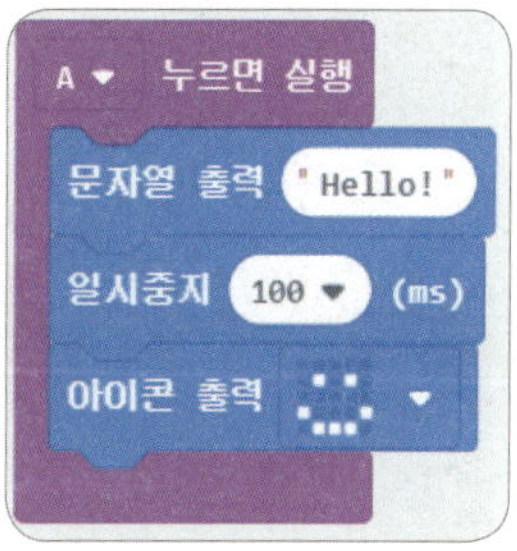
A 누르면 실행
문자열 출력 "Hello!"
일시중지 100 (ms)
아이콘 출력

4. [입력] 탭에서 [A 누르면 실행] 블록을 연결하고 화살표를 눌러 B로 바꿉니다.

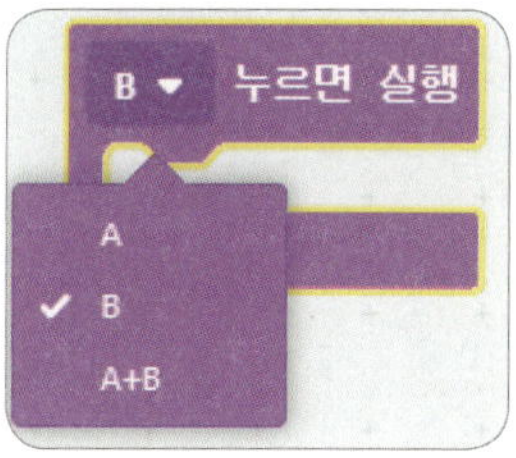
B 누르면 실행
A
B
A+B

5 문자열 출력, 일시 중지, 아이콘 출력 블록을 차례대로 연결합니다.

B ▾ 누르면 실행
문자열 출력 " Bye "
일시중지 100 ▾ (ms)
아이콘 출력

6 A+B 누르면 실행, 문자열 출력, 일시 중지, 아이콘 출력 블록을 차례대로 연결합니다.

A+B ▾ 누르면 실행
문자열 출력 " Thank you "
일시중지 100 ▾ (ms)
아이콘 출력

7 에뮬레이터에서 [시작▶]버튼을 눌러 프로그램이 정상적으로 동작하는지 확인합니다.

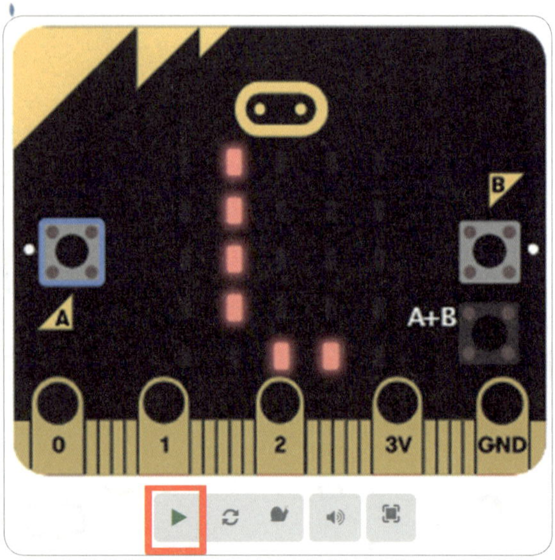
B
A
A+B
0
1
2
3V
GND

8 파일 이름을 '정글 동물 가면'으로 바꾸고 저장 버튼을 누릅니다.

TIP

장치 페어링을 했다면 [다운로드]을 눌러 마이크로비트에 바로 업로드 할 수 있습니다.

9 완성된 프로그램을 마이크로비트에 업로드 한 뒤, 마이크로비트를 배터리와 연결합니다. 동물 가면에 끼우고 뒷부분은 투명 테이프로 고정시켜 봅니다. 나무젓가락이 있다면 테이프로 고정시켜봅니다.

블록 기능 알아보기

• 입력 카테고리

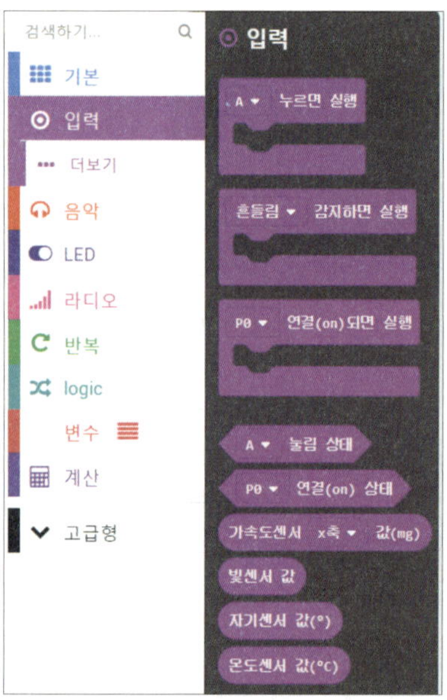

블록	설명
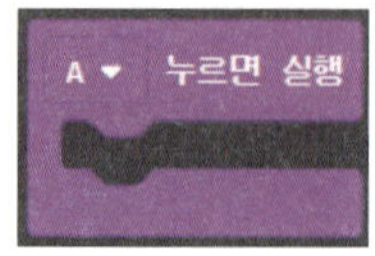	A나 B, 또는 A+B버튼이 눌러지면 안에 있는 블록들이 실행됩니다.
	흔들기/로고 하늘 방향/로고 땅 방향/ 스크린 하늘 보기/ 스크린 땅 보기 등의 이벤트가 있으면 안에 있는 블록들이 실행됩니다.
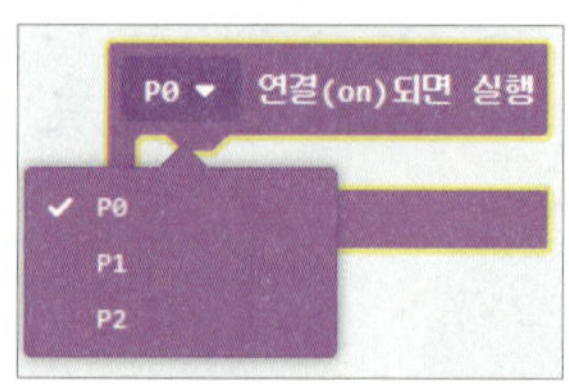	P0/P1/P2의 핀에 연결되면 안에 있는 블록들이 실행됩니다.
	A나 B, 또는 A+B버튼이 눌린 상태일 때를 말합니다.
	P0/P1/P2의 핀에 연결된 상태를 말합니다.
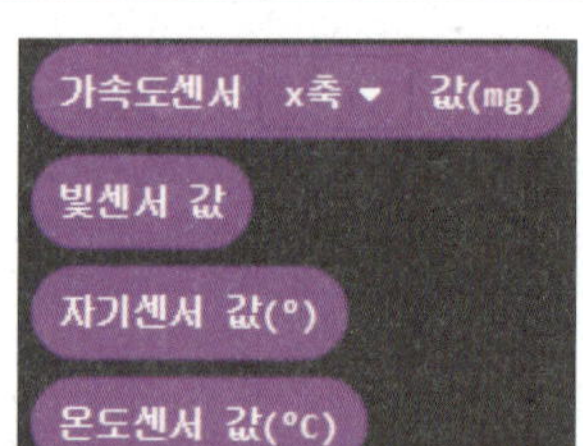	가속도 값(mg), 빛 센서 값(0~255), 자기센서 값(방향°), 온도 센서 값(°C)을 나타냅니다.

5 실력 업그레이드

마이크로비트 로고가 하늘 방향을 볼 때 'Toilet'글자를 출력하고 0.1초 쉰 다음 '곤란한 표정'을 나타내봅시다.
마이크로비트 로고가 땅 방향을 보면 'Help me' 글자를 출력하고 0.1초 쉰 다음 원하는 모양을 출력해봅시다.
'Toilet'은 '화장실'을 의미합니다. 'Help me'는 '도와주세요'를 의미합니다.

힌트

[입력] 탭 - 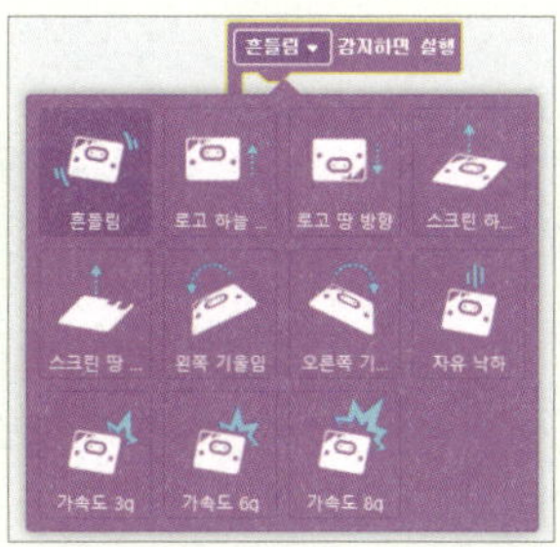

블록을 활용해 보세요.

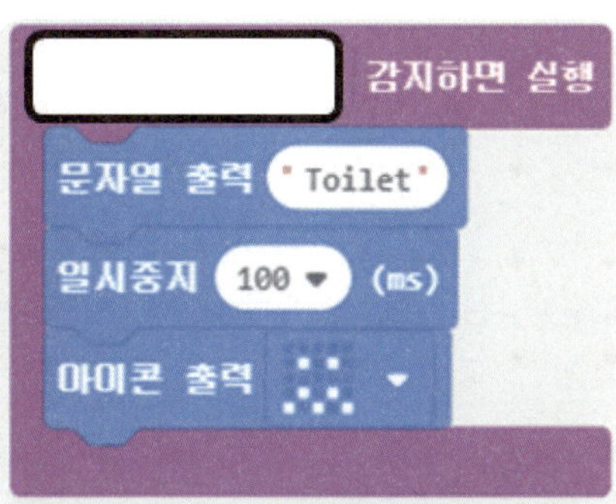

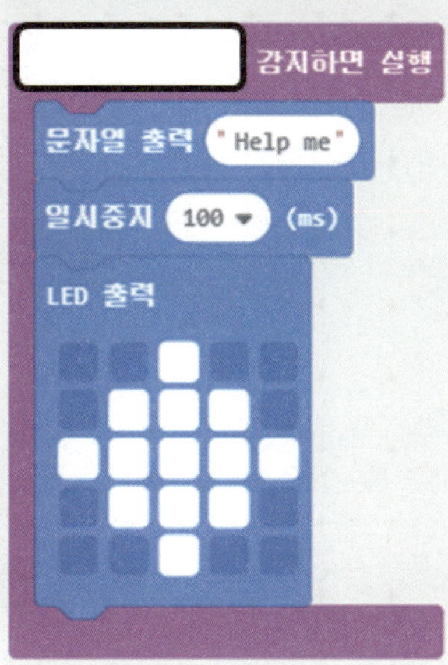

마다가스카르 여우원숭이 탐험

마다가스카르에는 여우원숭이가 살고 있습니다. 여우원숭이라는 이름은 돌출된 입과 긴 꼬리가 여우를 닮았기 때문에 붙여진 이름입니다.

호랑이꼬리여우원숭이

마다가스카르 산악 지역에 주로 서식합니다. 무리 생활을 하며 새끼를 낳게 되면 모두 기릅니다.

인드리 원숭이

여우원숭이 중에서 가장 큰 원숭이입니다. 사람처럼 낮에 생활하고 밤에는 잠을 잡니다. 주로 나무 위에서 생활합니다.

출처 : 위키피디아 https://ko.wikipedia.org/wiki/%EC%9D%B8%EB%93%9C%EB%A6%AC

베록스시파카

털이 두껍고 부드러우며 긴꼬리를 가지고 있습니다. 나무 위에서 생활하는 것을 아주 좋아합니다. 땅에서는 두 발로 깡충깡충 뛰어다닙니다.

몽구스여우원숭이

꽃과 과일을 먹고 사는 원숭이입니다. 계절에 따라서 낮에 생활하기도 하고 밤에 생활하기도 합니다. 주로 가족끼리 살고 다른 가족과 만나면 서로 잘 싸웁니다.

출처 : 위키피디아
https://ko.wikipedia.org/wiki/%EB%AA%BD%EA%B5%AC%EC%8A%A4%EC%97%AC%EC%9A%B0%EC%9B%90%EC%88%AD%EC%9D%B4

붉은목도리여우원숭이

목도리여우원숭이에는 두 종류가 있습니다. 붉은목도리여우원숭이, 그리고 흑백목도리여우원숭이입니다. 하지만 두 원숭이는 서로 친하지 않습니다. 붉은목도리여우원숭이는 매우 깨끗해서 서로 털 손질을 자주 해줍니다.

출처 : https://ko.wikipedia.org/wiki/%EB%B6%89%EC%9D%80%EB%AA%A9%EB%8F%84%EB%A6%AC%EC%97%AC%EC%9A%B0%EC%9B%90%EC%88%AD%EC%9D%B4

7 예시 답안

1 미션

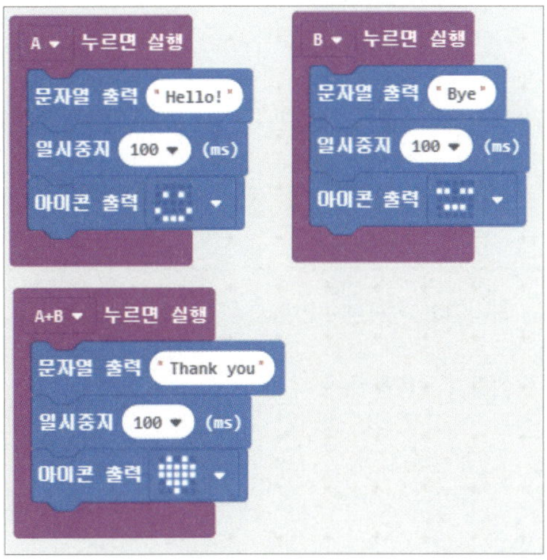

A ▾ 누르면 실행
문자열 출력 "Hello!"
일시중지 100 ▾ (ms)
아이콘 출력
B ▾ 누르면 실행
문자열 출력 "Bye"
일시중지 100 ▾ (ms)
아이콘 출력
A+B ▾ 누르면 실행
문자열 출력 "Thank you"
일시중지 100 ▾ (ms)
아이콘 출력

2 업그레이드 미션

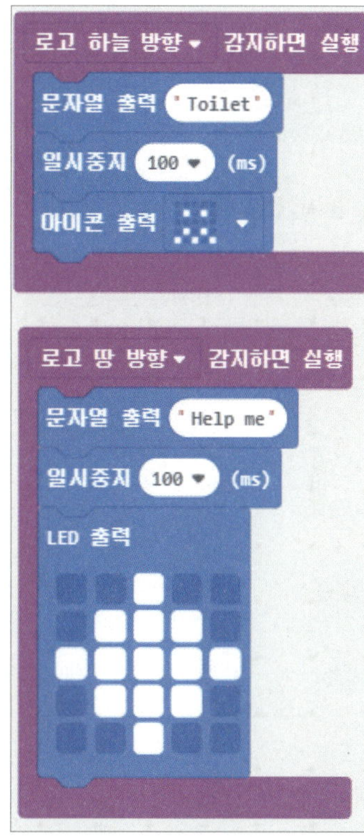

로고 하늘 방향 ▾ 감지하면 실행
문자열 출력 "Toilet"
일시중지 100 ▾ (ms)
아이콘 출력
로고 땅 방향 ▾ 감지하면 실행
문자열 출력 "Help me"
일시중지 100 ▾ (ms)
LED 출력

04 프로젝트 움직이는 코끼리새 기념비

1 준비하기

01 : 무엇을 배워볼까요?

학습 주제	버튼을 누르면 코끼리새 그림이 움직이는 애니메이션 기념비 만들기
중점 교과 성취 기준	미술 다양한 표현 방법의 특징과 과정을 탐색하여 활용할 수 있다. 과학 동물의 생김새와 생활 방식이 환경과 관련되어 있음을 설명할 수 있다. 실과 문제를 해결하는 프로그램을 만드는 과정에서 순차, 선택, 반복 등의 구조를 이해한다.
컴퓨팅 사고력	자료 표현, 추상화, 시뮬레이션, 자동화
프로그래밍 요소	순차, 반복, 조건
핵심 역량	창의적 사고, 심미적 감성

02 : 활용하는 효과 알기

잔상효과

	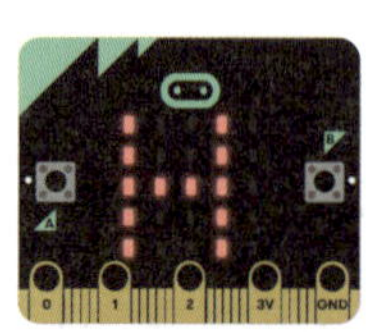 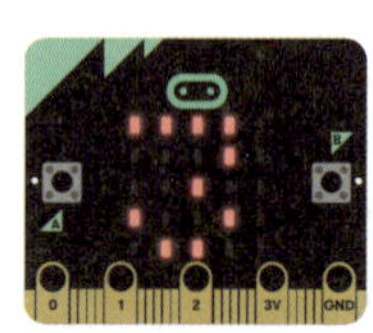 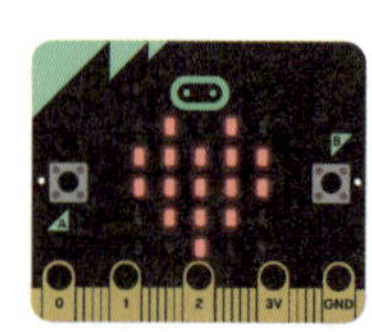
잔상효과란? TV나 영화를 볼 때 움직이는 영상을 본다고 생각하지만 사실은 여러 장의 사진을 보고 있는 것이랍니다. 사람의 눈으로 본 이미지는 0.1초 동안 망막에 남게 되는데, 이것을 잔상효과라고 합니다. 이전 이미지와 현재 이미지가 겹쳐지게 되어 서로 연결된 애니메이션처럼 보이게 되는 일종의 착시 현상입니다.	마이크로비트의 앞면에는 가로 5개, 세로 5개로 총 25개의 LED가 내장되어 있습니다. 25개 LED는 모두 각각 프로그래밍이 가능하며 LED를 통해서 문자, 숫자, 그림을 표현할 수 있습니다. 또한 프로그래밍을 통해 LED의 밝기를 0(꺼짐)부터 255(최대 밝기)까지 조절할 수 있습니다.

2 이야기 속으로

아~
잘 잤다!
안치라나나 Antsiranana
마하장가 Mahajanga
안타나나리보 Antananarivo
피아나란초아 Fianarantsoa
톨리아라 Toliara
어린이 탐험대는 이미 열대 우림 지대의 중심지를 지나고 있을 거야. 부지런히 출발하면 만날 수 있을거야.
그럼 길을 떠나볼까요?
좋아 출발!
으아! 살려줘!
코빗 괜찮아?
이 알은 코끼리새 알이야.

코끼리새는 마다가스카르에 살았던 가장 키가 크고 몸무게가 무거운 새란다. 키는 3m에 가깝고 몸무게도 최대 500kg 까지 나갔지.
3m
1.7m
코끼리새가 언제 멸종되었는지는 정확하지 않아. 하지만 사람들의 사냥으로 인해 점점 멸종했다는 것은 확실하지. 정글에는 이렇게 멸종 위기 동물이 많단다.
탕!
탕!
코끼리새의 모습이 진짜로 잊혀지기 전에 기념비를 만들어보면 어떨까요?
이름하여 코끼리새 기념비!
마이크로비트를 이용해서 코끼리새 모습을 LED로 나타내고 마치 코끼리새가 걷는 것처럼 애니메이션을 만들어보는 거에요.
정말 좋은 아이디어야! 코끼리새 그림을 간직하고 있었는데 이걸 보면서 만들어보렴.
나는 근처에서 돌을 가져와 기념비를 만들게.
코끼리새의 모습이 진짜로 잊혀지기 전에 기념비를 만들어보면 어떨까요?

미션 A버튼을 누르면 코끼리새가 옆으로 움직이는 애니메이션을 만들어 봅시다.

3 나도 메이커

1. 마이크로비트, usb 케이블, 보조배터리, 기념비 그림(부록), 가위를 준비합니다.

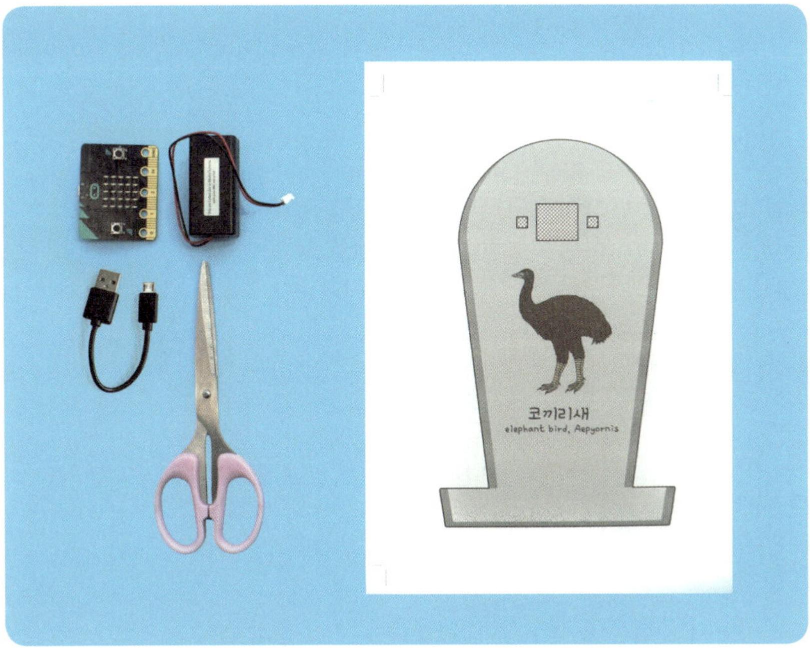

예시 그림은 이해를 돕기 위해 미리 색칠된 도안을 사용하였습니다.

TIP
마이크로비트 배터리에 AA건전지 2개를 미리 끼워놓습니다.

2. 기념비를 꾸민 뒤 자릅니다.

4 코딩 미션 해결하기

Coding ▶ 버튼을 눌러 코끼리새 애니메이션 나타내기

01 : 알고리즘 살펴보기

1 글로 알고리즘 작성하기

★ A버튼을 누르면 코끼리새가 걸어가는 것처럼 옆으로
이동하는 애니메이션이 나옵니다. A버튼을 누른
상태가 아니라면 코끼리새 모습이 나옵니다.

1. 아래의 블록들을 무한 반복합니다.
2.
2. 코끼리새의 부리 부분이 나오고 0.1초 쉰다.
3. 코끼리새가 앞발을 내밀며 걷는 모습이 나오고 0.1초 쉰다.
4. 코끼리새의 완전한 모습이 나오고 0.1초 쉰다.
5. 코끼리새가 뒷발을 차며 걷는 모습이 나오고 0.1초 쉰다.
6. 코끼리새의 뒷모습이 나오고 0.1초 쉰다.
7. 코끼리새의 꼬리가 나오고 0.1초 쉰다.
8. LED 스크린을 지운다.
9.
10. 코끼리새 모습이 나온다.

★ 아래의 〈보기〉에서 찾아 순서대로 적어 보세요.

❶ 만약 A가 눌린 상태가 아니라면 아래의 블록을 실행합니다.
❷ 만약 A가 눌린 상태이면 아래의 블록들을 실행합니다.

추상화(Abstraction)란 무엇인가요?

추상화는 **복잡한 것들을 간단하게 설명하거나 쉽게 이해하기 위해 하는 단순화 과정**입니다. 다른 사람들도 인정할 수 있는 대표적이고 중요한 특징만으로 표현하는 것이죠.

예를 들어, 지금은 멸종된 코끼리새의 실제 모습을 단순화하여 그림으로 표현하고, 더 단순화시켜 LED로 나타낼 수 있게 만드는 과정이 추상화라고 할 수 있죠.

LED 출력

코딩을 하기 전에 흐름을 순서도나 글로 적어 알고리즘을 표현하는 과정도 추상화 과정이에요! 코딩을 위해 필요한 핵심 내용만 간단하게 정리하는 것이니 말이죠.

2 블록으로 알고리즘 살펴보기

아래는 블록으로 나타낸 알고리즘입니다. 글로 설명한 부분에 해당하는 블록을 연결해보세요.

무한 반복 실행한다. •

만약 A가 눌린 상태이면 아래의 블록들을 실행합니다. •

코끼리새의 부리 부분이 나오고 0.1초 쉰다. 코끼리새가 앞발을 내밀며 걷는 모습이 나오고 0.1초 쉰다. •

• 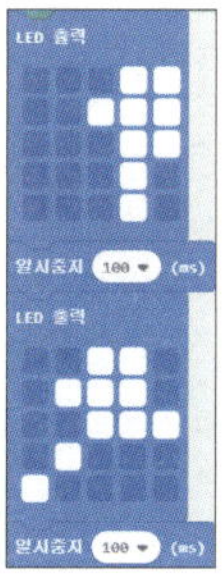
LED 출력
일시중지 100 (ms)
LED 출력
일시중지 100 (ms)

• 
무한반복 실행

• 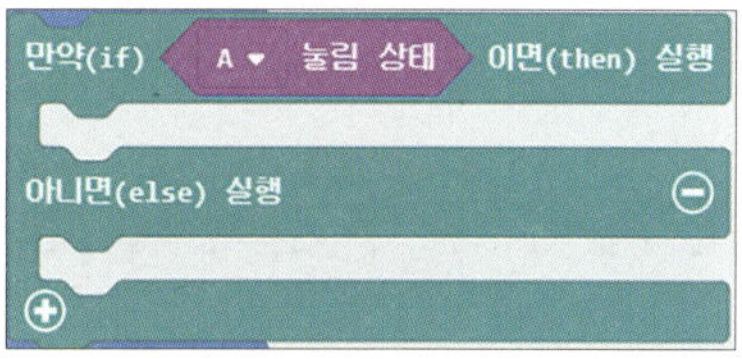
만약(if) A 눌림 상태 이면(then) 실행
아니면(else) 실행

코끼리새의 완전한 모습이 나오고 0.1초 쉰다.
코끼리새가 뒷발을 차며 걷는 모습이 나오고 0.1초 쉰다.

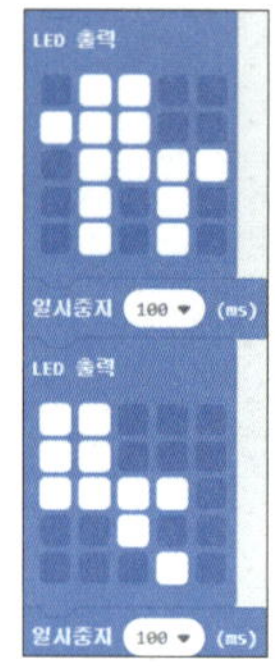
LED 출력
일시중지 100 (ms)
LED 출력
일시중지 100 (ms)

코끼리새의 뒷모습이 나오고 0.1초 쉰다.
코끼리새의 꼬리가 나오고 0.1초 쉰다.

LED 출력
일시중지 100 (ms)
LED 출력
일시중지 100 (ms)

LED 스크린을 지운다.

LED 스크린 지우기

만약 A가 눌린 상태가 아니라면 코끼리새 모습이 나온다.

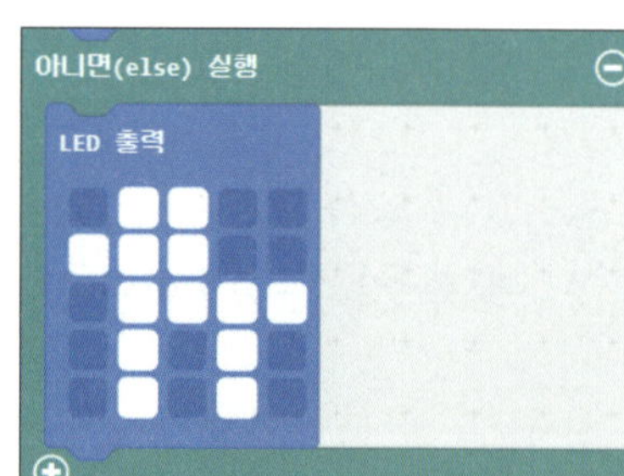
아니면(else) 실행
LED 출력

02 : 코딩하기

마이크로비트를 노트북, 컴퓨터 PC, 또는 스마트 기기에 연결하고 마이크로비트 공식 사이트 'https://microbit.org'로 들어갑니다.

1 가장 먼저 [기본] 탭에서 [무한 반복 실행] 블록을 연결한 뒤, [논리] 탭에서 [만약 참이면 실행- 아니면 실행]블록을 연결합니다. [입력] 탭에서 [A 눌림 상태]를 찾아 연결합니다.

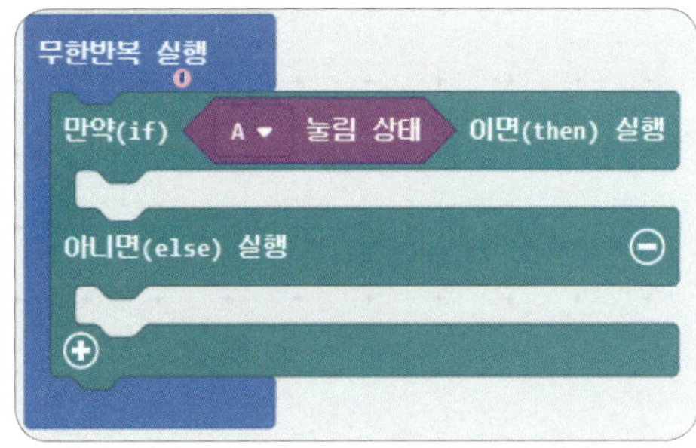
무한반복 실행
만약(if) A 눌림 상태 이면(then) 실행
아니면(else) 실행

조건문이란?

컴퓨터는 갈림길에 놓였을 때 조건에 맞는 판단을 내려 행동합니다.

예를 들어, 스마트폰 홍채 인식 프로그램에서 홍채가 스마트폰 주인의 홍채와 일치한다면(참이라면) 잠금 해제를 하게 됩니다. 하지만 일치하지 않는다면(거짓이라면) 계속 잠금 상태이겠죠.

우리가 '조건'과 조건이 만족되었을 때 '해야 할 일'을 코딩하면, 컴퓨터는 특정 조건이 만족되었을 때 해야 할 일을 실행합니다.

특정 조건이 만족된 상태를 참(True)이라고 부르고 만족되지 않은 상태를 거짓(False)라고 부릅니다. '움직이는 코끼리새 기념비'에서 사용된 조건문을 살펴볼까요?

만약 A버튼이 눌린 상태라면 애니메이션이 나오고, A버튼이 눌린 상태가 아니라면 코끼리새 그림이 나오게 됩니다. 2가지 경우를 나누어 보는 것이죠!

[만약(if) 〈참(true)〉이면(then) 실행]

'만약(if) 〈참(true)〉이면(then) 실행' 블록의 (+) 버튼을 누를 때마다 조건이 하나씩 추가되어 '아니면 실행' 조건이 늘어납니다. 마찬가지로 (-) 버튼을 누르면 조건이 하나씩 줄어들게 되죠.

2 [기본] 탭 [LED 출력]과 [일시중지] 블록을 활용해 [만약 A가 눌림 상태이면 실행] 블록 아래에 코끼리새가 움직이듯이 애니메이션을 만들어서 연결합니다.

3 [아니면 실행] 아래에 정지되어 있는 코끼리새 모습을 연결합니다.

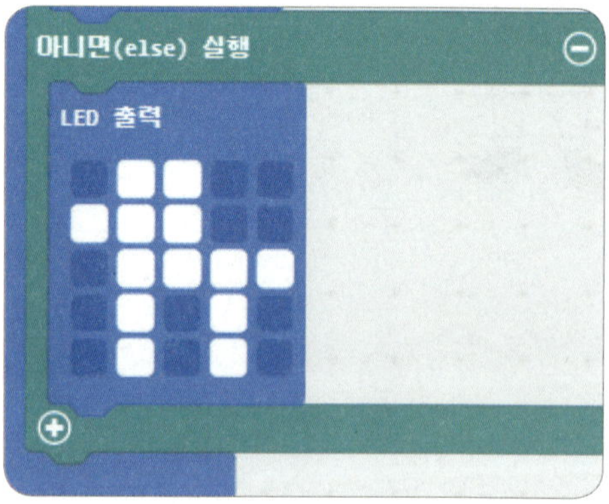
아니면(else) 실행
LED 출력

4 에뮬레이터에서 [시작▶]버튼을 눌러 프로그램이 정상적으로 동작하는지 확인합니다.

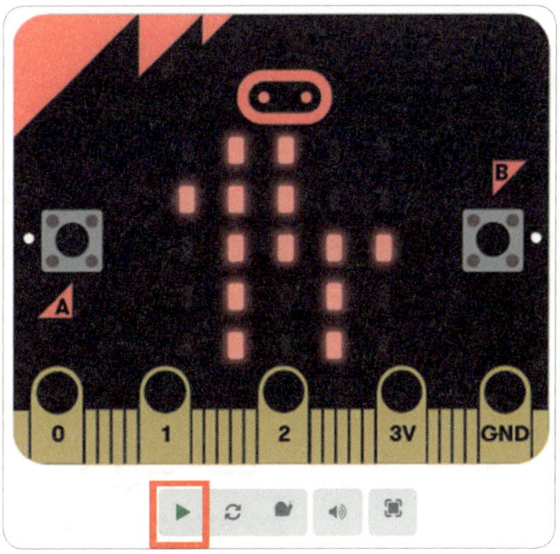

5 파일 이름을 '움직이는 코끼리새 기념비'로 바꾸고 저장 버튼을 누릅니다.

TIP
장치 페어링을 했다면 [다운로드]을 눌러 마이크로비트에 바로 업로드 할 수 있습니다.

6 완성된 프로그램을 마이크로비트에 업로드 한 뒤, 마이크로비트를 배터리와 연결합니다. 기념비 에 끼우고 뒷부분은 투명 테이프로 고정시켜 봅니다.

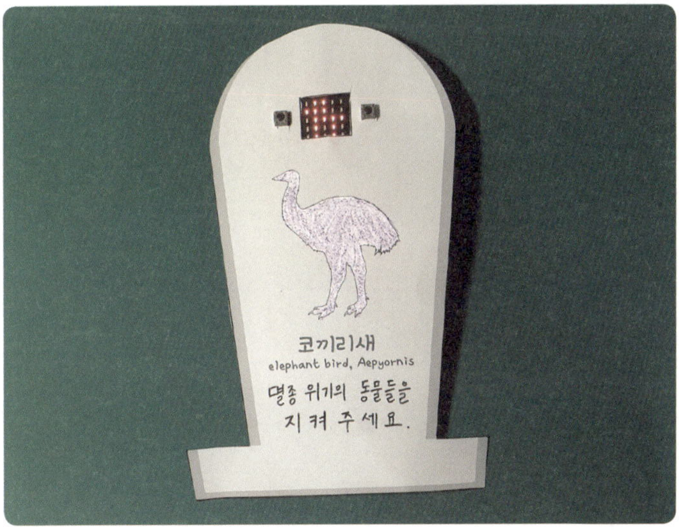

블록 기능 알아보기

• 논리 카테고리

블록	설명
	만약 조건에 맞다면(참이면) 블록 안의 명령 블록들을 실행합니다.
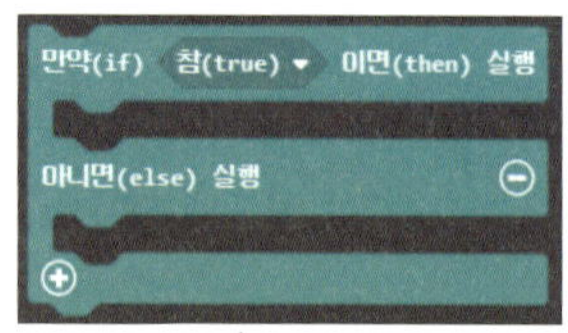	만약 조건에 맞다면(참이면) 블록 안의 명령 블록들을 실행하고, 아니라면 '아니면 실행' 블록 안의 명령 블록들을 실행합니다.
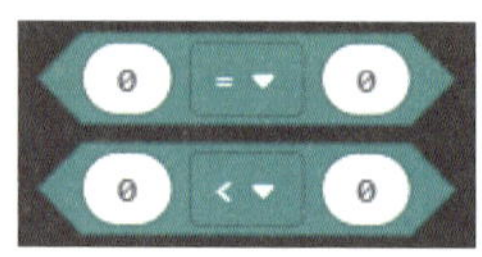	앞의 값과 뒤의 값을 비교(=≠,〉,〈,≤,≥)해서 그 결과에 따라 명령 블록들을 실행합니다.
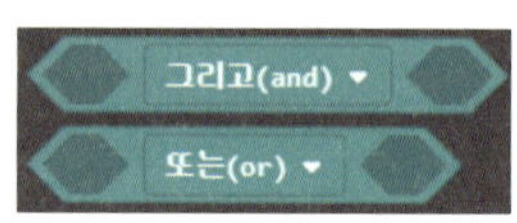	그리고(and) : 앞, 뒤 블록이 모두 정답일 경우(참인 경우)에만 명령 블록들을 실행합니다. 또는(or) : 앞, 뒤 블록 중 하나만 참이여도 명령 블록들을 실행합니다.
	주어진 값과 반대인 값을 나타냅니다.
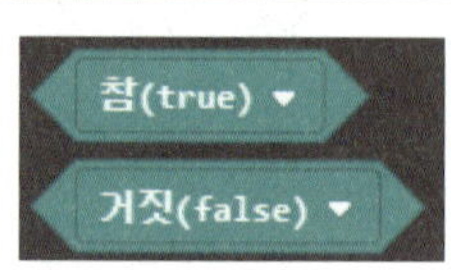	참 또는 거짓의 값

5 실력 업그레이드

정글에서 멸종 위기에 처한 동물 중 움직이는 기념비에 나타내고 싶은 동물을 한 가지 정해봅시다. '이미지 스크롤' 기능을 활용해 움직이는 기념비를 만들어 봅시다.
만약 A가 눌려져 있는 상태라면 동물 그림이 '이미지 스크롤'로 나오고 A가 눌려져 있는 상태가 아니라면 스마일 그림이 나옵니다.

힌트 [고급] 탭 - [이미지] 탭 - 
myImage
의
1
번 위치부터
200
(ms) 마다 스크롤
블록과

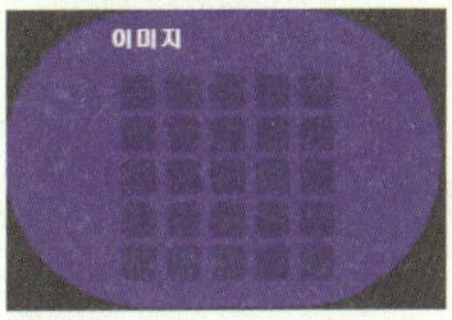
이미지
블록을 활용해 보세요.

※이미지 스크롤이란? 이미지를 이동시키는 것을 말합니다.
※시작 위치란? 가로 방향 좌표인 x를 기준으로 ○번 위치부터 시작하여 이미지가 스크롤(이동) 될 것 인지를 말합니다.
※시간 간격이란? 이미지가 ○ms마다 스크롤(이동) 될 것인지를 말합니다. 1초는 1000ms입니다.

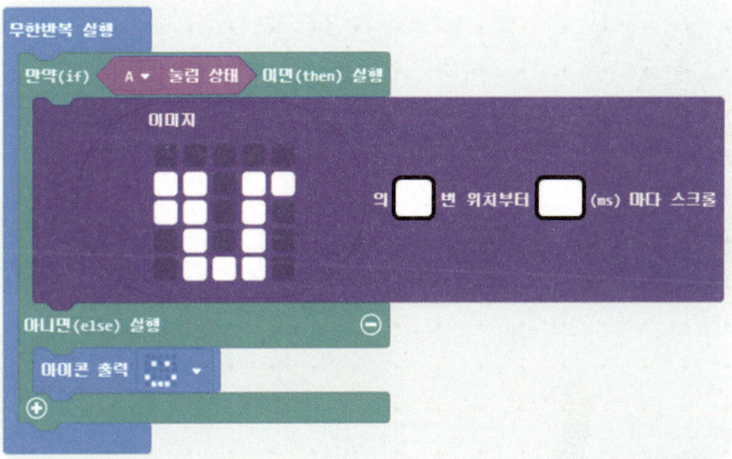
무한반복 실행
만약(if)
A
눌림 상태
이면(then) 실행
이미지
의
번 위치부터
(ms) 마다 스크롤
아니면(else) 실행
아이콘 출력

마다가스카르 탐험

마다가스카르의 멸종 동물 코끼리새

신밧드의 모험에 나온 코끼리새 이야기
홀로 남은 신밧드가 커다란 알을 구경하다가 새의 다리에 매달려서 어디론가 날아가는 장면이 나옵니다.
하지만 실제 코끼리 새는 날개가 퇴화하여 날지는 못하였습니다.

◀ 프랑스의 '국립자연사박물관'에 코끼리새의 표본과 알이 전시되어 있습니다.

코끼리새는 17세기까지 마다가스카르 섬에 살았습니다. 키는 3미터가 넘고 무게는 400KG정도 되었습니다. 알의 둘레만 1m가 넘고 길이가 34cm가 넘는다고 합니다. 하지만 많은 사람들이 마다가스카르에 살게 되면서 코끼리새는 멸종되고 말았습니다.

7 예시 답안

1 미션

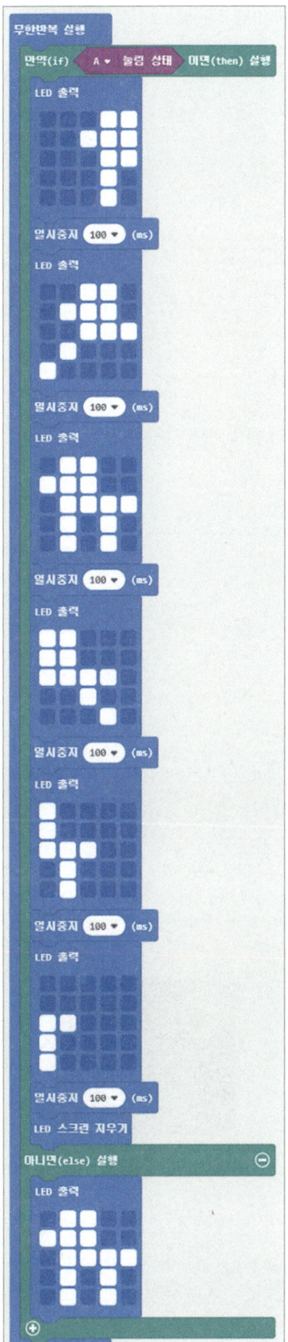
무한반복 실행
만약(if) A ▾ 눌림 상태 이면(then) 실행
LED 출력
일시중지 100 ▾ (ms)
LED 출력
일시중지 100 ▾ (ms)
LED 출력
일시중지 100 ▾ (ms)
LED 출력
일시중지 100 ▾ (ms)
LED 출력
일시중지 100 ▾ (ms)
LED 출력
일시중지 100 ▾ (ms)
LED 스크린 지우기
아니면(else) 실행
LED 출력

2 업그레이드 미션

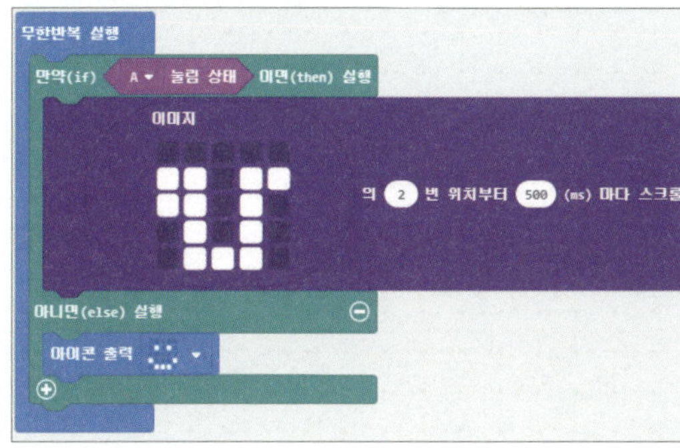
무한반복 실행
만약(if) A ▾ 눌림 상태 이면(then) 실행
이미지
의 2 번 위치부터 500 (ms) 마다 스크롤
아니면(else) 실행
아이콘 출력

05 프로젝트 건강 지킴이 모자

1 준비하기

01 : 무엇을 배워볼까요?

학습 주제	현재 온도와 빛의 양을 측정할 수 있는 모자 만들기
중점 교과 성취 기준	과학 온도의 과학적 개념을 이해하고 응용할 수 있다. 빛 반사의 과학적 개념을 이해하고 응용할 수 있다. 실과 프로그래밍 도구를 사용하여 기초적인 프로그래밍 과정을 체험한다.
컴퓨팅 사고력	자료수집, 알고리즘과 절차, 병렬화, 자동화
프로그래밍 요소	반복, 병렬, 변수, 이벤트
핵심 역량	지식정보처리, 의사소통, 협력

02 : 사용하는 센서 및 엑츄에이터 알기

온도 센서와 조도 센서

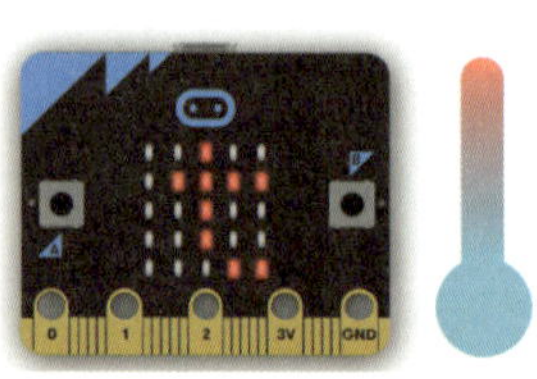

마이크로비트의 온도 센서는 CPU 내부에 있기 때문에 측정한 온도가 주변보다 높은 경우가 많습니다. 측정할 수 있는 범위는 섭씨 -5도에서 50도입니다.

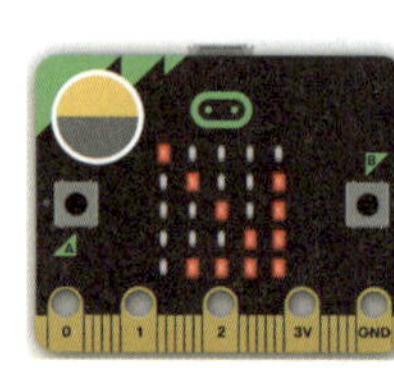

마이크로비트의 LED는 조도 센서(빛센서)로도 활용이 가능합니다. 빛이 닿으면 전류가 흐르는 반도체의 '광 기전력'을 이용한 기능입니다. 조도 센서 값은 0부터 255까지 표현됩니다.

2 이야기 속으로

이제 라까노니 사막으로 떠나볼까? 출발!
준 대장님! 라까노니 사막은 정말 신기해요. 정글에 있는 사막인데다가 바다가 막혀서 생긴 호수도 있대요!
호수
사막
바다
라까노니 사막은 낮과 밤의 일교차가 매우 심하고
밤에는 바람까지 강하게 불어서 철저히 대비해야 한단다.
나는 누구... 여긴 어디...
낮에는 직사광선 때문에 화상을 입을 수도 있고 땀을 많이 흘려 수분이 날라가니 물을 많이 마셔야 한 대요.
무... 물....
코빗이 공부를 많이 해왔구나. 한낮에는 꼭 모자를 써야 하고 밤에는 방한복을 입어야 한단다.
온도계를 항상 보면서 너무 온도가 높으면 그늘에서 잠시 쉬어가며 이동해야 하지.

대장님! 큰일이에요. 저와 비비는 모자를 못 가져왔어요.
잠시 그늘에서 쉬며 모자를 만들면 어떨까요?
저에게 좋은 생각이 있어요! 마이크로비트를 모자에 붙여서 온도를 알려주는 모자를 만들어볼게요.
사막을 지나면서 저를 보시면 바로바로 온도를 알 수 있을 거에요!
오! 코빗! 정말 좋은 생각인 걸? 이제 진짜 탐험가처럼 보이는데!
사막에서는 온도뿐만 아니라 햇빛의 양도 중요해! 온도와 햇빛의 양을 모두 알려주는 건 어떨까?
온도와 햇빛의 양을 모두 알려주는 건강 지킴이 모자!
바로 코딩 시작하겠습니다~!

미션 A버튼을 누르면 현재 온도를 LED에 나타내고 B버튼을 누르면 햇빛의 양을 알려주는 프로그램을 만들어 봅시다.

3 나도 메이커

1 마이크로비트, usb 케이블, 보조배터리, 모자 도안(부록), 가위를 준비합니다.

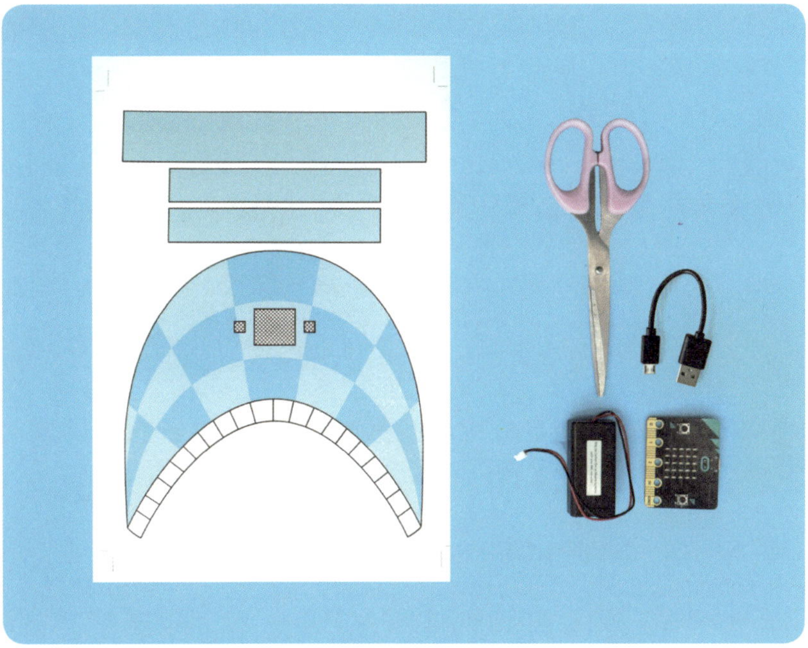

예시 그림은 이해를 돕기 위해 미리 색칠된 도안을 사용하였습니다.

TIP

마이크로비트 배터리에 AA건전지 2개를 미리 끼워놓습니다.

2 모자를 원하는 대로 꾸미고 도안대로 자른 뒤 풀로 붙입니다.

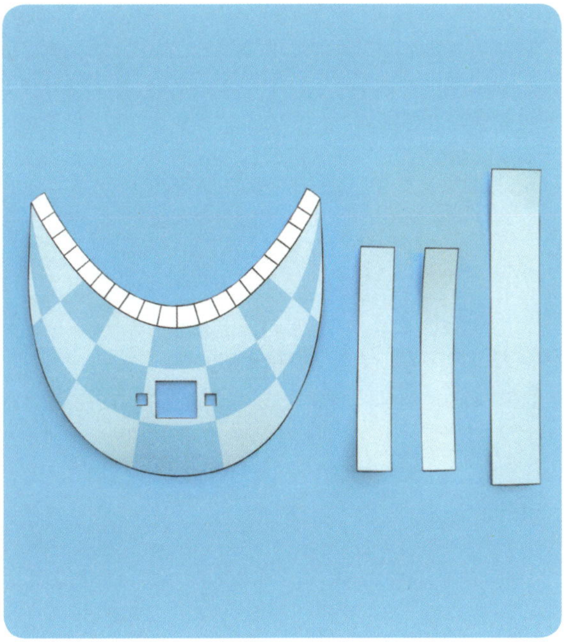

4 코딩 미션 해결하기

Coding ▸ 버튼을 눌러 온도와 햇빛의 양을 나타내기

01 : 알고리즘 살펴보기

1 글로 알고리즘 작성하기

★ 온도와 빛 변수를 먼저 만듭니다.

★ 만약 A버튼이 눌린 상태라면 '온도'변수가 숫자로 나옵니다.
만약 B버튼이 눌린 상태라면 '빛'변수가 숫자로 나옵니다.

1. 아래의 블록들을 무한 반복 실행합니다.
2. '온도' 변수에 '온도 센서 값'을 저장합니다.
3. '빛' 변수에 '빛 센서 값'을 저장합니다.
4. 만약 A가 눌린 상태라면 아래의 블록을 실행합니다.
5.
6. 만약 B가 눌린 상태라면 아래의 블록을 실행합니다.
7.

★ 알고리즘에 맞는 내용을 아래의 〈보기〉에서 찾아 적어보세요.

❶ '온도' 변수 값이 숫자로 나옵니다.
❷ '빛' 변수 값이 숫자로 나옵니다.

변수란 무엇인가요?

친구들과 축구 경기를 하거나 응원했던 적이 있나요? 경기에서 가장 중요한 것! 골을 넣으면 잊지 말고 해야 하는 것! 바로 점수 기록이죠. 점수판에 점수를 기록해야 몇 대 몇 인지 정확하게 알 수 있습니다. 프로그램을 만들 때에도 점수판과 같은 기능을 하는 것이 있습니다. 프로그램을 만들 때 데이터가 생기면 데이터를 저장하는 공간이 필요하겠죠. **변수는 프로그램에서 값을 저장할 수 있는 공간을 말합니다.** '온도' 이름의 변수를 만들고 '온도 센서 값'을 저장하면 센서로 읽은 값이 그대로 '온도' 변수에 저장된답니다.
변수는 프로그램에서 값을 저장할 수 있는 공간을 말합니다.

〈변수의 값 설정〉

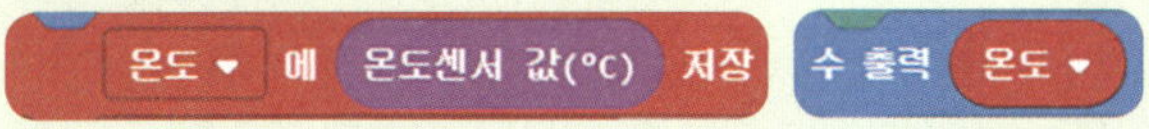
온도 ▾ 에 온도센서 값(°C) 저장
수 출력 온도 ▾

변수는 다양한 수를 담을 수 있는 '변하는 수'입니다. '온도'라는 변수를 만들었다면 변수 값을 저장해주어야 합니다. 마이크로비트에 있는 온도 센서로 읽은 값을 '온도' 변수에 저장하면 앞으로 '온도' 변수 블록을 사용할 때마다 '온도 센서 값' 블록을 사용하는 것과 같은 결과를 얻을 수 있죠.
'온도 센서 값'을 마이크로비트 led에 숫자로 나타내고 싶다면 '온도' 변수 값을 출력해주면 되겠죠?

2 블록으로 알고리즘 살펴보기

아래는 블록으로 나타낸 알고리즘입니다. 글로 설명한 부분에 해당하는 블록을 연결해보세요.

아래의 블록들을 무한 반복 실행한다.

온도 변수에 '온도 센서 값'을 저장한다.

빛 변수에 '빛 센서 값'을 저장한다.

만약 A가 눌린 상태라면 아래의 블록을 실행한다.

온도 변수 값을 숫자로 출력한다.

만약 B가 눌린 상태라면 아래의 블록을 실행한다.

빛 변수 값을 숫자로 출력한다.

무한반복 실행

온도 ▾ 에 온도센서 값(°C) 저장

빛 ▾ 에 빛센서 값 저장

수 출력 온도 ▾

만약(if) A ▾ 눌림 상태 이면(then) 실행

수 출력 빛 ▾

만약(if) B ▾ 눌림 상태 이면(then) 실행

02 : 코딩하기

마이크로비트를 노트북, 컴퓨터 PC, 또는 스마트 기기에 연결하고 마이크로비트 공식 사이트 'https://microbit.org'로 들어갑니다.

1 가장 먼저 [변수] 탭에서 [변수 만들기]를 클릭한 뒤 '온도'와 '빛' 변수를 각각 만듭니다.

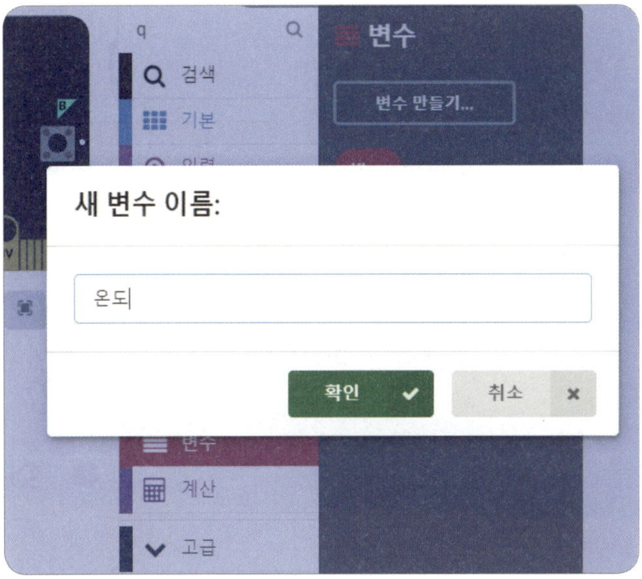

<온도 센서>

마이크로비트 주변의 온도가 섭씨 단위(℃)로 측정됩니다.

<빛 센서>

마이크로비트의 led를 통해 주변의 밝기를 측정할 수 있습니다. 빛 센서 값이 0이면 가장 어둡고 255면 가장 밝은 상태입니다.

❷ [기본] 탭에서 [무한반복 실행] 블록을 연결합니다. [온도에 ㅇ저장] 블록과 [빛에 ㅇ저장] 블록을 연결합니다. [입력] 탭에서 '온도 센서 값'과 '빛 센서 값'을 찾아 각각의 블록 안에 넣습니다.

무한반복 실행
온도 ▾ 에 온도센서 값(°C) 저장
빛 ▾ 에 빛센서 값 저장

❸ [논리] 탭에서 [만약 ㅇ라면 실행] 블록을 연결합니다. [입력] 탭에서 [A눌림 상태]를 찾아 조건 빈 칸에 넣습니다. B 눌림 상태도 같은 방법으로 만듭니다.

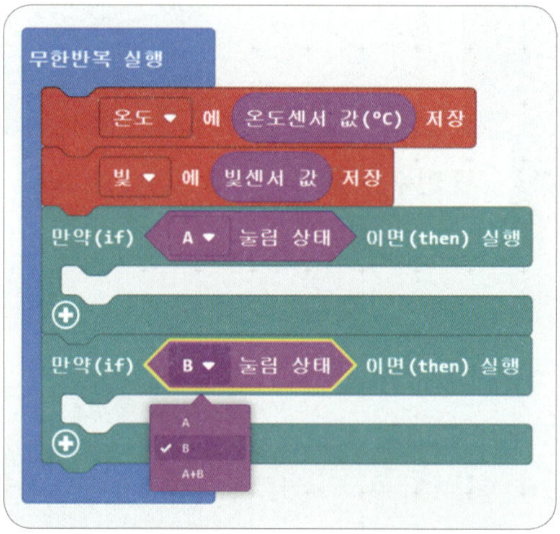
무한반복 실행
온도 ▾ 에 온도센서 값(°C) 저장
빛 ▾ 에 빛센서 값 저장
만약(if) A ▾ 눌림 상태 이면(then) 실행
만약(if) B ▾ 눌림 상태 이면(then) 실행
A
B
A+B

❹ [기본] 탭에서 [수 출력] 블록을 조건문 안에 연결하고 '온도' 변수와 '빛' 변수를 각각 수 출력 블록 안에 넣습니다.

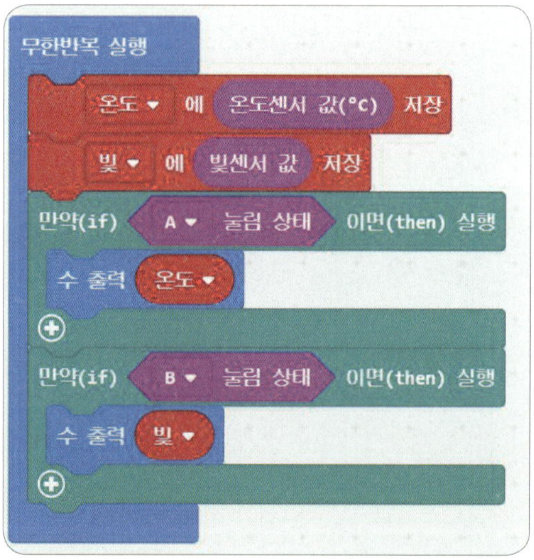
무한반복 실행
온도 ▾ 에 온도센서 값(°C) 저장
빛 ▾ 에 빛센서 값 저장
만약(if) A ▾ 눌림 상태 이면(then) 실행
수 출력 온도 ▾
만약(if) B ▾ 눌림 상태 이면(then) 실행
수 출력 빛 ▾

5 에뮬레이터에서 [시작▶]버튼을 눌러 프로그램이 정상적으로 동작하는지 확인합니다.

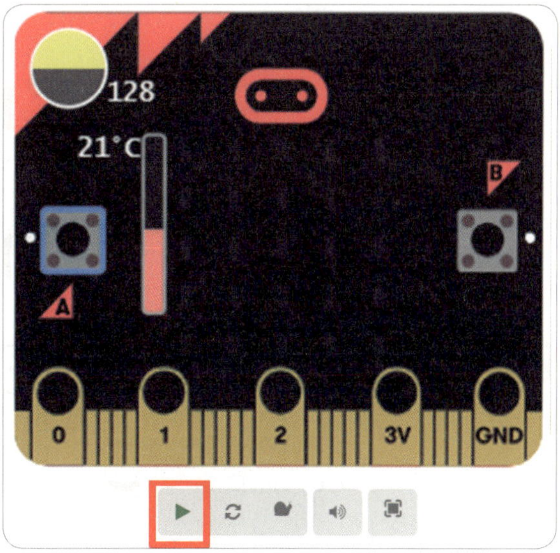

6 파일 이름을 '건강지킴이 모자'로 바꾸고 저장 버튼을 누릅니다.

7 완성된 프로그램을 마이크로비트에 업로드 한 뒤, 마이크로비트를 배터리와 연결합니다. 모자에 끼워 봅니다.

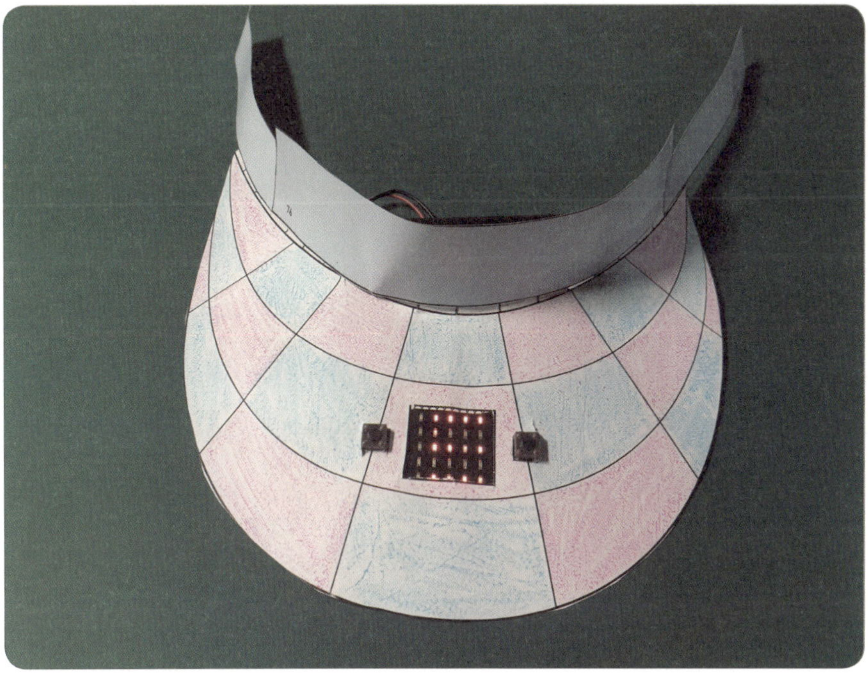

블록 기능 알아보기

• 논리 카테고리

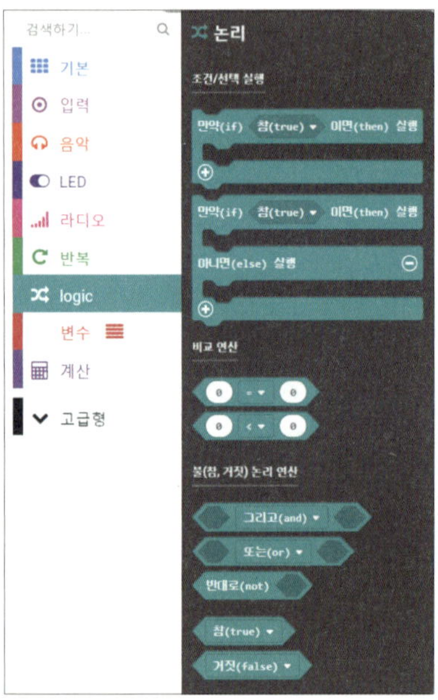

블록	설명
	만약 조건에 맞다면(참이면) 블록 안의 명령 블록들을 실행합니다.
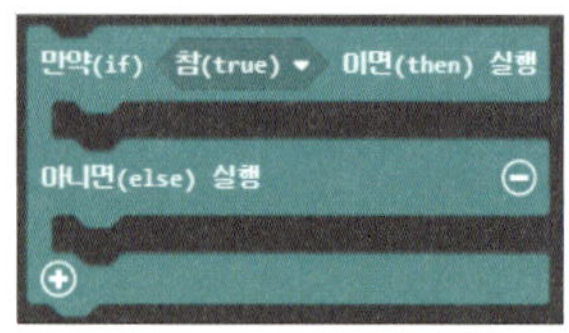	만약 조건에 맞다면(참이면) 블록 안의 명령 블록들을 실행하고, 아니라면 '아니면 실행' 블록 안의 명령 블록들을 실행합니다.
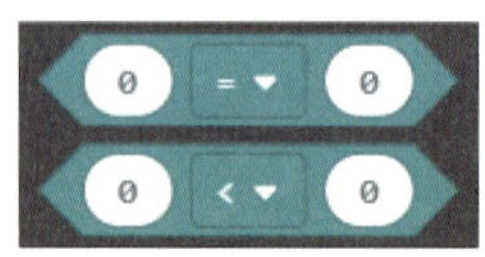	앞의 값과 뒤의 값을 비교(=≠,〉,〈,≤,≥)해서 그 결과에 따라 명령 블록들을 실행합니다.
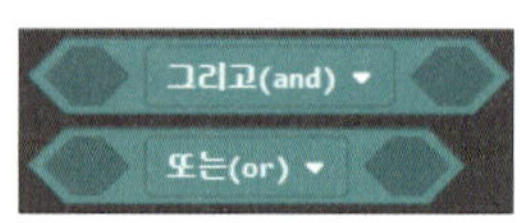	그리고(and) : 앞, 뒤 블록이 모두 정답일 경우(참인 경우)에만 명령 블록들을 실행합니다. 또는(or) : 앞, 뒤 블록 중 하나만 참이여도 명령 블록들을 실행합니다.
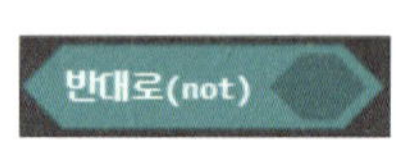	주어진 값과 반대인 값을 나타냅니다.
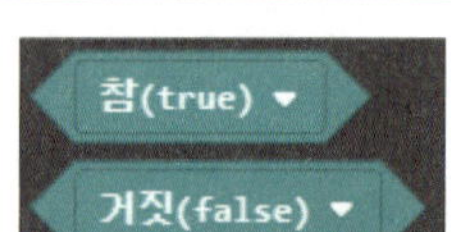	참 또는 거짓의 값

5 실력 업그레이드

만약 온도가 35도를 넘어가고 햇빛의 양이 200을 넘으면 쉬어가도록 경고하는 표정을 보냅니다.

힌트 [논리] 탭에서 [◇그리고◇] 블록, [○>○]블록을 사용해 보세요.

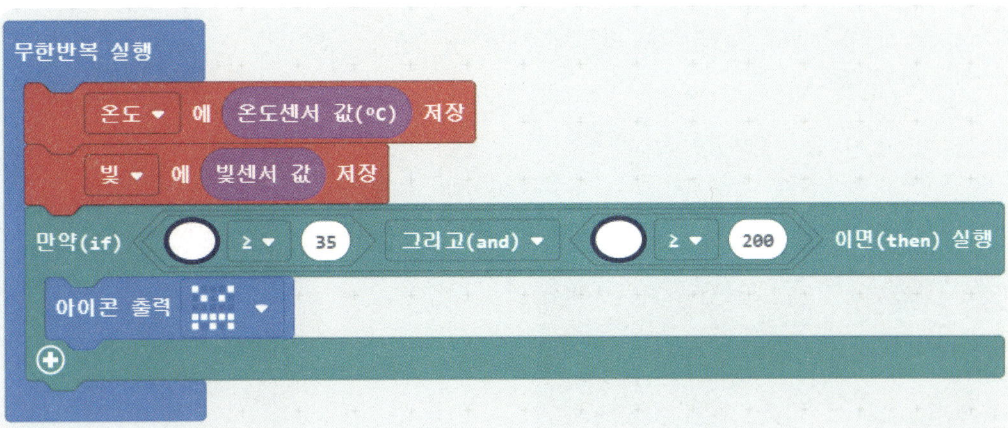
무한반복 실행
온도 에 온도센서 값(°C) 저장
빛 에 빛센서 값 저장
만약(if) ≥ 35 그리고(and) ≥ 200 이면(then) 실행
아이콘 출력

논리 연산이란?

논리 연산이란 논리곱(and), 논리합(or), 논리부정(not) 등의 기호 논리학의 규칙에 의한 연산입니다. 논리 연산은 컴퓨터 프로그램이 더 정교하고 자세한 결정을 내리기 위해 사용됩니다.

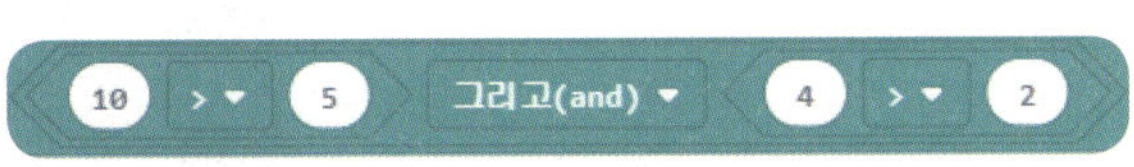
10 > 5 그리고(and) 4 > 2

조건 2가지를 모두 만족해야 '참(True)'

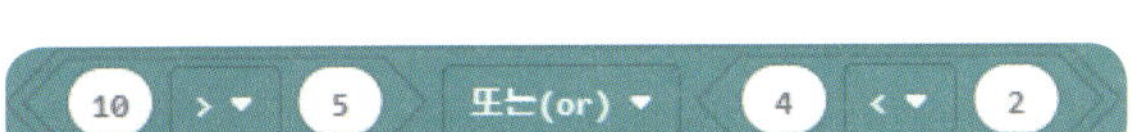
10 > 5 또는(or) 4 < 2

조건 2가지를 모두 만족해야 '참(True)'

6 생태 학습

마다가스카르 라까노니 사막 탐험

남부 사막 지대의 라까노니 사막

다양한 식물

사막에 사는 식물들은 물이 증발되는 것을 막고 저장하려다 보니 잎이 뾰족하고 줄기가 도톰합니다.

마다가스카르의 남서부는 오랜 시간 강수량 부족과 버그 효과(레인세도)의 영향으로 해안 사막이 형성되어 있습니다. 모래들이 바람에 실려가 바닷가 입구를 막아서 짠맛을 내는 호수인 염호가 생겼습니다.

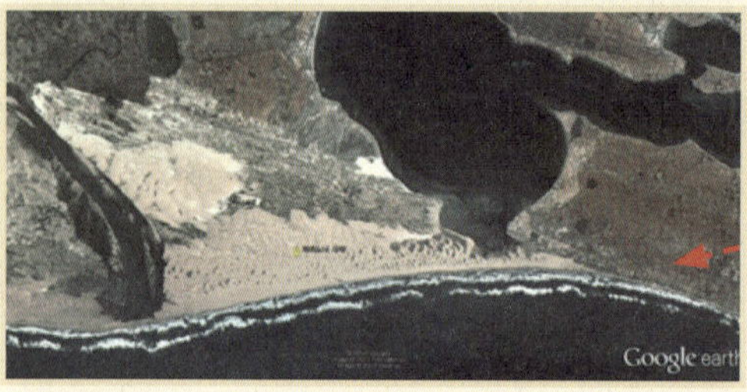

사이잘

사이잘 잎에서 채취한 섬유는 매우 질기기 때문에 밧줄로 만들 수 있습니다.

용수과

석죽목(선인장, 카네이션, 패랭이꽃과 같은 종류)으로 11개의 종류가 마다가스카르에 살고 있습니다.

백년초(보검선인장)

줄기가 손바닥처럼 넓어 '손바닥 선인장' 이라고도 불립니다. 우리나라의 제주도에서도 자라고 있습니다.

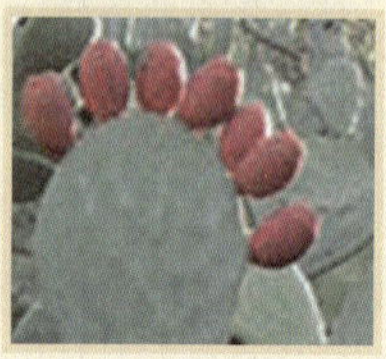

7 예시 답안

1 미션

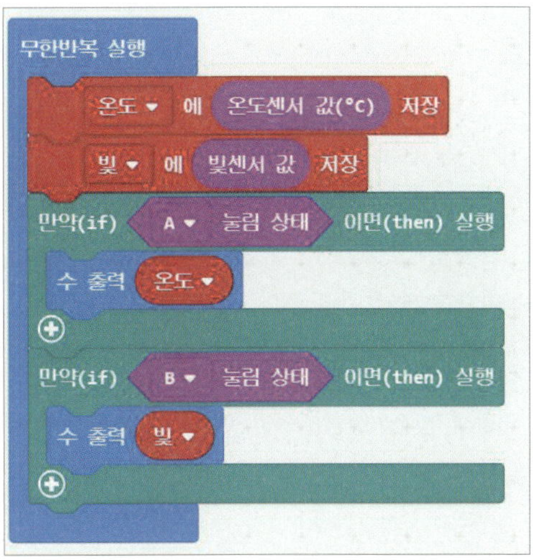

무한반복 실행
온도 ▾ 에 온도센서 값(°C) 저장
빛 ▾ 에 빛센서 값 저장
만약(if) A ▾ 눌림 상태 이면(then) 실행
수 출력 온도 ▾
만약(if) B ▾ 눌림 상태 이면(then) 실행
수 출력 빛 ▾

2 업그레이드 미션

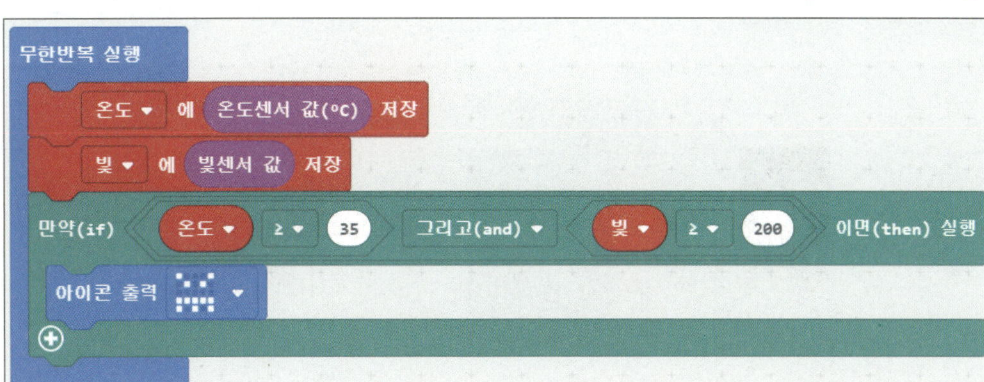

무한반복 실행
온도 ▾ 에 온도센서 값(°C) 저장
빛 ▾ 에 빛센서 값 저장
만약(if) 온도 ▾ ≥ ▾ 35 그리고(and) ▾ 빛 ▾ ≥ ▾ 200 이면(then) 실행
아이콘 출력 ▾

06 프로젝트

사막의 길을 안내하는 나침반

1 준비하기

01 무엇을 배워볼까요?

학습 주제	자기 센서를 이용하여 길을 안내하는 나침반 만들기
중점 교과 성취 기준	사회 지도를 구성하는 기본 요소에 대한 이해를 통하여 지도 읽기 능력을 기른다. 수학 실생활 장면에서 이상, 이하, 초과, 미만의 의미와 쓰임을 알고, 이를 활용하여 수의 범위를 나타낼 수 있다. 실과 문제를 해결하는 프로그램을 만드는 과정에서 순차, 선택, 반복 등의 구조를 이해할 수 있다.
컴퓨팅 사고력	문제 분해, 알고리즘, 자동화
프로그래밍 요소	반복, 조건, 변수, 논리 연산, 비교 연산
핵심 역량	지식정보처리, 의사소통, 공동체

02 사용하는 센서 및 엑츄에이터 알기

자기센서

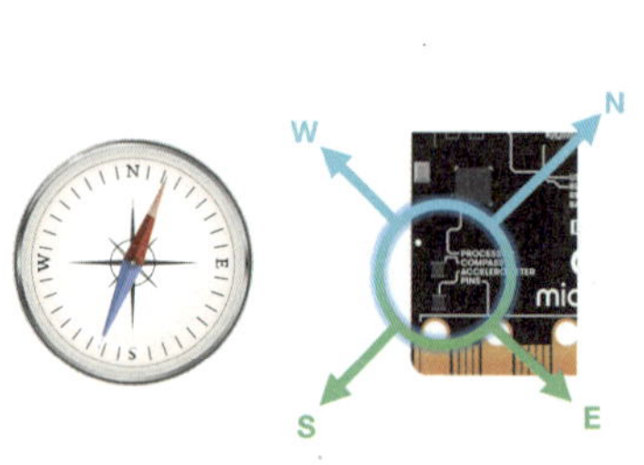

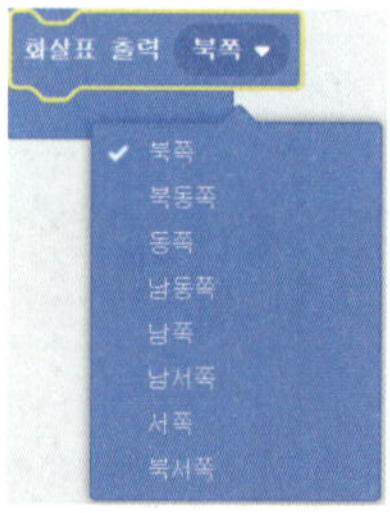

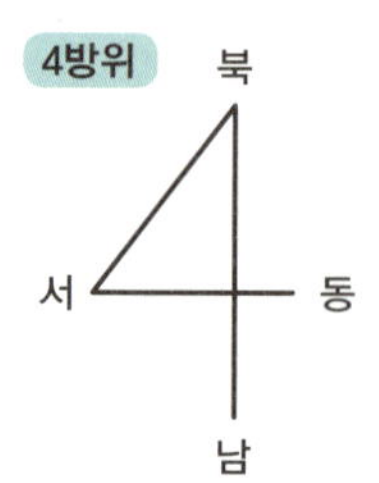

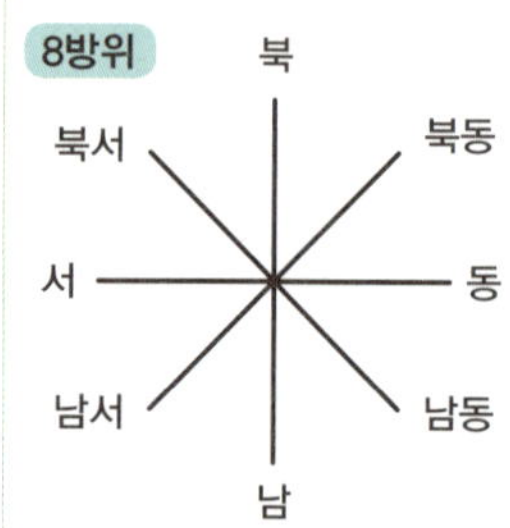

자기 센서는 동,서,남,북 등의 방위 변화를 측정하는 센서입니다. 나침반 역할을 하는 센서이죠. 비행기, 자동차, 미사일 등 방향을 설정해야하는 물체에서 사용됩니다.

지도를 보려면 '방위'에 대해 알아야 합니다. 방위란 동, 서, 남, 북 네 방향을 기본으로 하여 나타내는 어느 쪽의 위치입니다. 동, 서, 남, 북의 네 방향을 4방위라고 하고 좀 더 세분화하면 8방위라고도 합니다. 마이크로비트에서는 코딩을 통해 8방위까지 화살표로 나타낼 수 있습니다.

2 이야기 속으로

준 대장님, 너무 덥고 힘들어요. 목이 말라요. 사막에서 물을 먹을 수 있는 방법이 있나요?
여기 남은 물을 좀 마시렴.
사막에서 물 찾는 방법은 여러 가지가 있지. 제일 쉬운 방법은 사막의 일교차를 이용하는거야.
돌
비닐
구덩이
두 번째는 식물의 증산작용을 이용하는거지. 증산작용이란 밤에 식물들이 잎을 통해 물을 내뱉는 작용을 말한단다.
나뭇잎
비닐
세 번째는 주변보다 축축한 땅을 계속 파보는거야. 그 안에 지하수가 있을 수 있거든!

여기 땅 색이 좀 다른데 땅을 파볼까요? 비비가 땅을 잘 파요!
라가노니 사막에는 바다가 막혀서 만들어진 호수가 있잖니! 호수로 가서 물을 마시자. 여기 간이 정수기도 있으니 바로 식수로 만들어 마실 수 있어.
네! 좋아요. 지도를 확인해볼게요. 지금 있는 곳에서 동쪽으로 가야하네요. 나침반을 보고 찾아가볼까요?
끄덕
끄덕
아무리 가도 호수가 나오질 않네. 길을 잘 못 들은 건가?
??
대장님. 나침반이 고장 난 건 아닐까요? 지도를 보니 우리가 전혀 다른 길로 온 것 같아요.
이런. 나침반이 고장 났다면 정말 큰일인데. 사막에서는 나침반이 꼭 필요한데 말이지.
제가 마이크로비트로 나침반을 만들어볼게요! 이 정도는 문제 없죠!

미션 동,서,남,북 방향을 알려주는 나침반을 만들어 봅시다.

3 나도 메이커

1 마이크로비트, usb 케이블, 보조배터리, 나침반 도안(부록), 가위를 준비합니다.

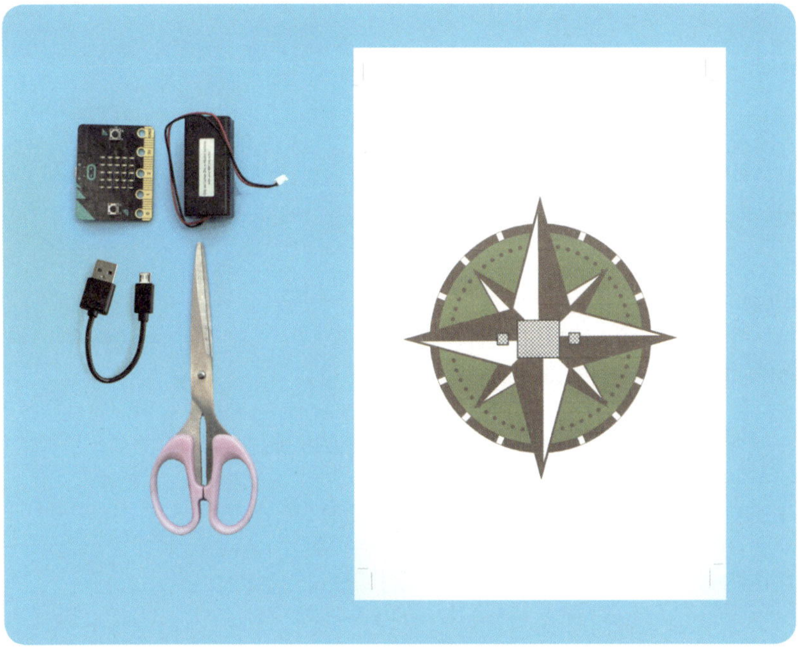

예시 그림은 이해를 돕기 위해 미리 색칠된 도안을 사용하였습니다.

TIP

마이크로비트 배터리에 AA건전지 2개를 미리 끼워놓습니다.

2 나침반을 도안대로 자릅니다.

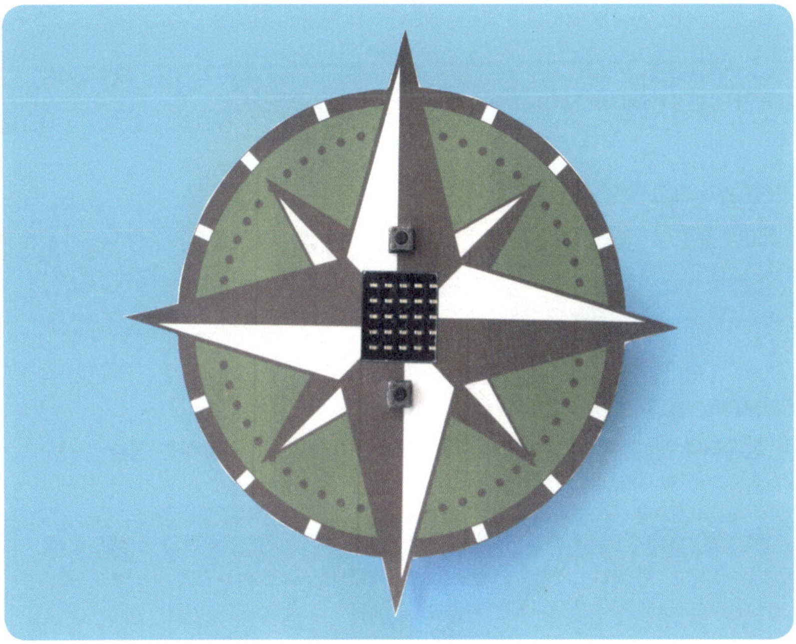

4 코딩 미션 해결하기

Coding ▸ 동(E), 서(W), 남(S), 북(N)을 나타내는 나침반

01 : 알고리즘 살펴보기

1 글로 알고리즘 작성하기

★ 자기 센서 값을 읽고 각도에 따라 E, W, S, N를 나타내기

1. 아래의 블록들을 무한 반복 실행합니다.
2. '각도' 변수에 '자기 센서 값'을 저장합니다.
3. 만약 각도가 88°보다 크고 91°보다 같거나 작으면 'E'(동쪽)를 나타냅니다.
4. 만약 각도가 268°보다 크고 271°보다 같거나 작으면 'W'(서쪽)를 나타냅니다.
5. 만약 각도가 178°보다 크고 181°보다 같거나 작으면 'S'(남쪽)를 나타냅니다.
6.
7.

★ 아래의 〈보기〉에서 찾아 순서대로 적어 보세요.

❶ 만약 각도가 358°보다 크고 360°보다 같거나 작으면 'N'(북쪽)를 나타냅니다.
❷ 만약 각도가 0°보다 같거나 크고 1°보다 같거나 작으면 'N'(북쪽)를 나타냅니다.

자동화란 무엇일까요?

자동화는 **컴퓨터나 전자 기기를 이용하여 일 처리가 자동으로 되도록 하는 것**을 말합니다. 과자 공장에서 과자 포장하는 과정을 살펴볼까요? 과자를 옮겨주는 기계, 포장지에 넣어주는 기계, 포장지를 자르고 붙이는 기계가 반복적으로 주어진 일을 자동으로 실행합니다. 반복적인 패턴을 찾아 자동화 시키면 비용도 줄일 수 있고 사람들의 삶도 더욱 편해지겠죠. '나침반' 만들기도 패턴을 찾아 프로그래밍을 하고 마이크로비트에 업로드 시켜서 언제든 편리하게 사용할 수 있는 자동화 과정이라고 볼 수 있습니다!

정확한 북쪽을 나타내려면?

앞서 나침반 각도를 자세하게 알아봤던 것처럼, 정확한 북쪽은 359°, 360° =0°, 1° 정도의 값으로 정하는 것이 좋습니다. 그렇다면 이 값을 논리 연산을 이용해서 나타내면 어떻게 나타낼 수 있을까요?

자기 센서 값이 다음의 범위 안에 있거나

```
358 < ▾ 자기센서 값(°)  그리고(and) ▾  자기센서 값(°) ≤ ▾ 360
```

- '또는(or)' 다음의 범위 안에 있으면 됩니다.

```
0 ≤ ▾ 자기센서 값(°)  그리고(and) ▾  자기센서 값(°) ≤ ▾ 1
```

★ **나침반 각도 자세히 알아보기**

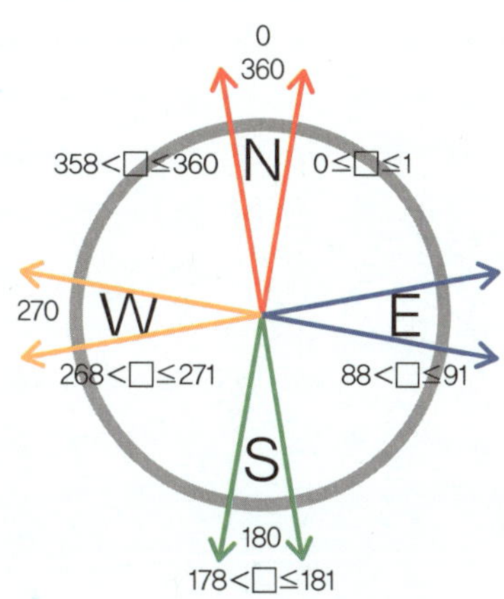

나침반은 방향에 따른 위치를 알 수 있는 도구입니다. 지구의 자기력에 의해 자침이 남과 북을 가리키게 됩니다. 나침반 바늘에서 북쪽을 가리키는 부분이 N극이고, 남쪽을 가리키는 부분이 S극이랍니다.

마이크로비트에서는 나침반의 4방위(동, 서, 남, 북)를 자기 센서 각도(°) 값으로 입력 받습니다. 각도를 넓은 범위로 표현할 수도 있지만 좀 더 정확한 방위를 나타내려면 동, 서, 남, 북의 정확한 각도 값에서 2°~3° 사이의 값으로 설정해 주는 것이 좋습니다.

동쪽은 360°에서 90°일 때입니다. 90°에 가까운 범위를 정해서 마이크로비트의 로고 부분이 동쪽을 나타낼 때 LED로 E를 나타나게끔 코딩할 수 있습니다.

나침반에서 동쪽 나타내기 알고리즘을 글로 표현해 볼까요?

'자기 센서 값이 88보다 크고 91보다 작거나 같다면(89°, 90°, 91°도 일 때) 문자열 E가 나온다.' 겠죠. 4방위 모두 알고리즘을 만들고 직접 코딩해보아요!

2 블록으로 알고리즘 살펴보기

아래는 블록으로 나타낸 알고리즘입니다. 글로 설명한 부분에 해당하는 블록을 연결해보세요.

무한 반복 실행한다. •

'각도' 변수에 '자기 센서 값'을 저장합니다. •

만약 각도가 88° 보다 크고 91° 보다 같거나 작으면 'E'(동쪽)를 나타냅니다. •

만약 각도가 268° 보다 크고 271° 보다 같거나 작으면 'W'(서쪽)를 나타냅니다. •

만약 각도가 178° 보다 크고 181° 보다 같거나 작으면 'S'(남쪽)를 나타냅니다. •

• 
무한반복 실행

• 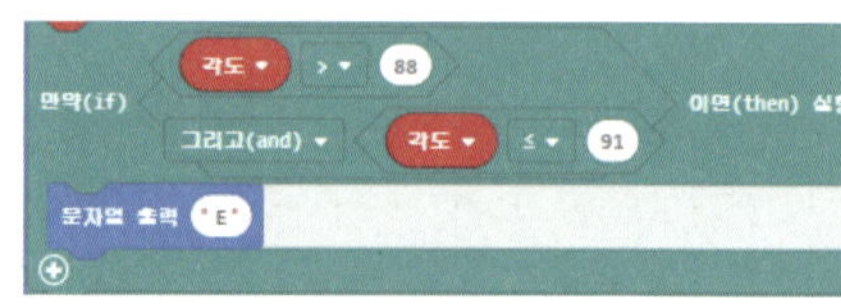
만약(if)
각도
88
그리고(and)
각도
91
이면(then) 실행
문자열 출력
'E'

• 
각도
에
자기센서 값(°)
저장

• 
만약(if)
각도
178
그리고(and)
각도
181
이면(then) 실행
문자열 출력
'S'

• 
만약(if)
각도
268
그리고(and)
각도
271
이면(then) 실행
문자열 출력
'W'

만약 각도가 358° 보다 크고 360° 보다 같거나 작으면 'N'(북쪽)를 나타냅니다. •

• 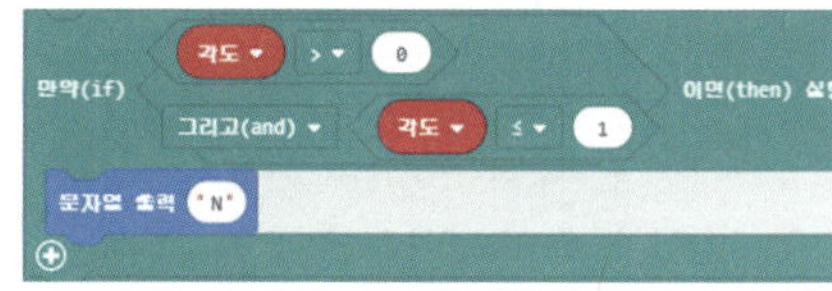

만약(if)
각도
>
0
그리고(and)
각도
≤
1
이면(then) 실행
문자열 출력 "N"

만약 각도가 0° 보다 같거나 크고 1° 보다 같거나 작으면 'N'(북쪽)를 나타냅니다. •

• 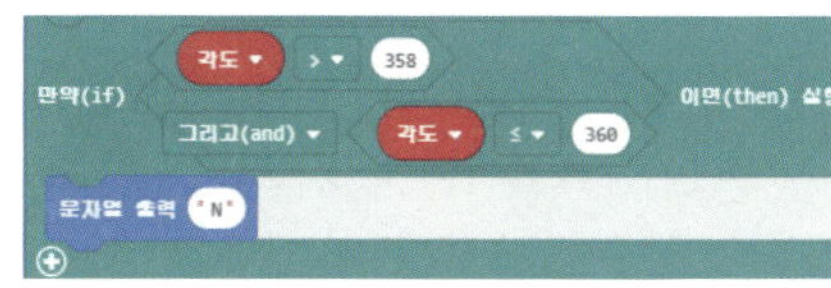

만약(if)
각도
>
358
그리고(and)
각도
≤
360
이면(then) 실행
문자열 출력 "N"

02 : 코딩하기

마이크로비트를 노트북, 컴퓨터 PC, 또는 스마트 기기에 연결하고 마이크로비트 공식 사이트 'https://microbit.org'로 들어갑니다.

1 무한 반복 실행 블록 아래에 [변수] 탭에서 '각도' 변수를 만들고 '각도' 변수에 '자기 센서 값'을 저장합니다.

무한반복 실행
각도
에
자기센서 값(°)
저장

변수란 무엇인가요?

프로그램을 수행할 때, 특정한 값을 저장해야 할 필요가 생기기도 합니다. **변수는 프로그램에서 값을 저장할 수 있는 공간을 말합니다.** '각도'라는 이름의 변수를 만들고 그 값을 '자기 센서' 값으로 저장하면 그때부터 '각도'는 '자기 센서' 값과 같아집니다.

2 [논리] 탭에서 [만약 참이라면 실행] 블록을 연결합니다. [◇그리고◇] 블록을 [참이라면] 자리에 넣습니다. 비교연산 [○=○] 블록을 이용해 두 값을 비교할 수 있도록 준비해 놓습니다.

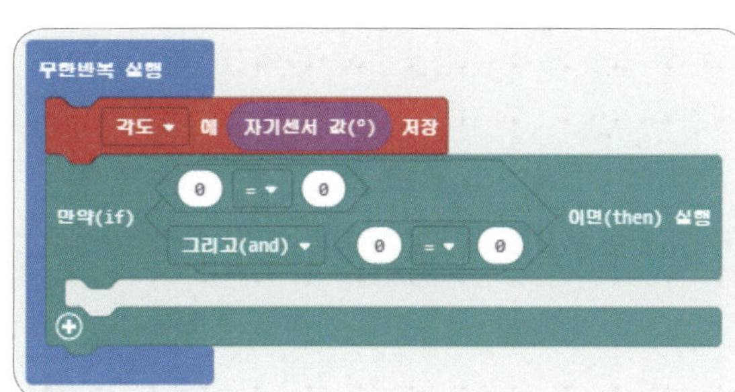

무한반복 실행
각도
에
자기센서 값(°)
저장
만약(if)
0
=
0
그리고(and)
0
=
0
이면(then) 실행

그리고(and)와 또는(or)

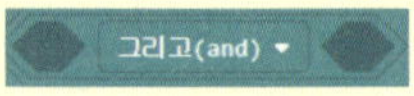
그리고(and)
A 그리고(and) B- A와 B의 조건이 모두 맞아야 할 때

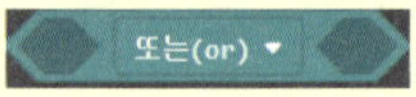
또는(or)
A 또는(or) B - A와 B의 조건 중 하나만 맞아도 될 때

3 동쪽(E)을 나타내기 위해서는 각도가 88°보다 크고 91°보다 같거나 작아야 합니다.

88°보다 크고 91°보다 같거나 작다면 문자열 'E'를 출력합니다.

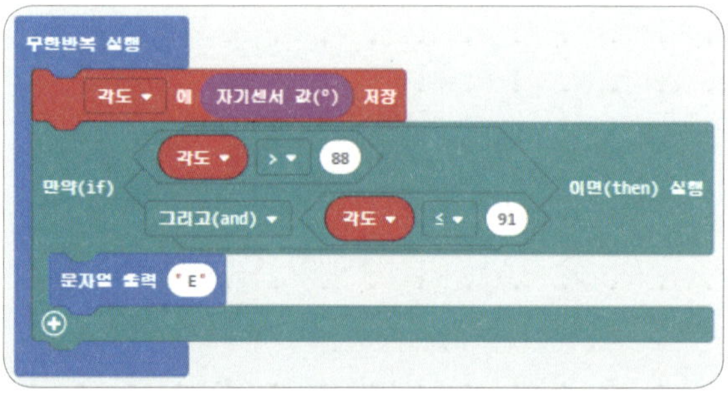
무한반복 실행
각도 에 자기센서 값(°) 저장
만약(if) 각도 > 88 그리고(and) 각도 ≤ 91 이면(then) 실행
문자열 출력 "E"

4 서쪽(W)을 나타내기 위해서는 각도가 268°보다 크고 271°보다 같거나 작아야 합니다.

268°보다 크고 271°보다 같거나 작다면 문자열 'W'를 출력합니다.

만약(if) 각도 > 268 그리고(and) 각도 ≤ 271 이면(then) 실행
문자열 출력 "W"

5 남쪽(S)을 나타내기 위해서는 각도가 178°보다 크고 181°보다 같거나 작아야 합니다.

178°보다 크고 181°보다 같거나 작다면 문자열 'S'를 출력합니다.

만약(if) 각도 > 178 그리고(and) 각도 ≤ 181 이면(then) 실행
문자열 출력 "S"

6 북쪽(S)을 나타내기 위해서는 각도가 358°보다 크고 360°보다 같거나 작아야 합니다.

또한 0°보다 같거나 크고 1°보다 같거나 작아야 합니다.

두 경우 모두 문자열 'N'을 출력합니다.

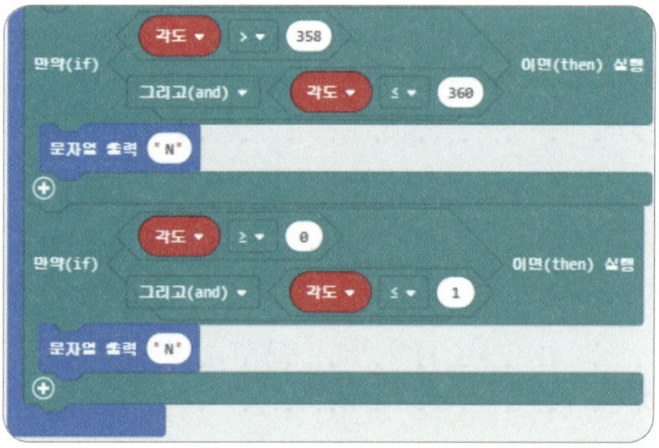
만약(if) 각도 > 358 그리고(and) 각도 ≤ 360 이면(then) 실행
문자열 출력 "N"
만약(if) 각도 ≥ 0 그리고(and) 각도 ≤ 1 이면(then) 실행
문자열 출력 "N"

7 에뮬레이터에서 [시작▶]버튼을 눌러 프로그램이 정상적으로 동작하는지 확인합니다.

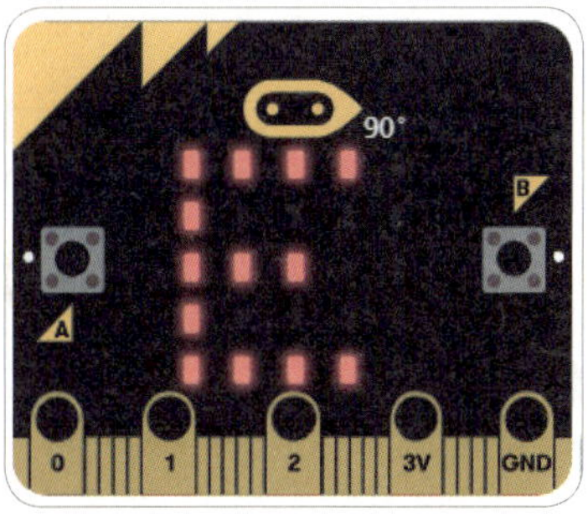

8 파일 이름을 '나침반'으로 바꾸고 저장 버튼을 누릅니다.

9 완성된 프로그램을 마이크로비트에 업로드 한 뒤, 마이크로비트를 배터리와 연결합니다. 도안 뒤에 끼워봅니다.

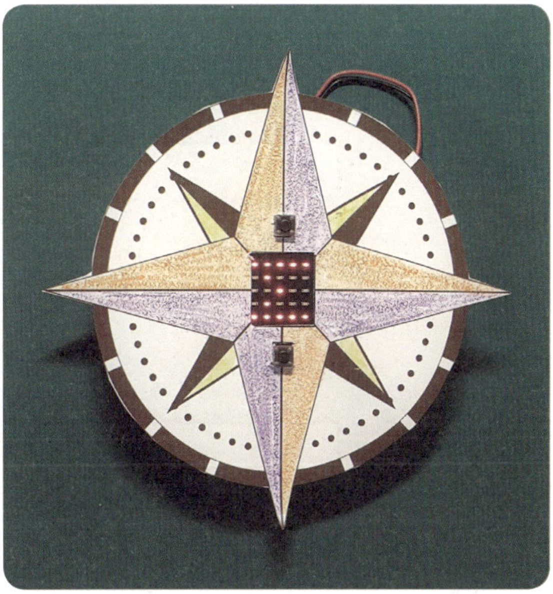

마이크로비트에 업로드한 후 'TILT TO FILL SCREEN' 또는 'DRAW A CIRCLE' 이라는 문자열이 나오면 마이크로비트를 이리저리 돌리며 5 × 5 LED 매트릭스의 빛이 모두 켜지도록 해 주세요. 이 과정은 나침반을 보정하는 과정입니다. 25개 LED의 빛이 모두 켜지면 웃는 얼굴이 나옵니다. 그럼 나침반을 사용할 수 있습니다. 나침반을 들고 방향을 찾아보세요! 보정은 프로그램을 업로드한 후 한 번만 하면 됩니다.

5 실력 업그레이드

동서남북 게임을 해볼까요? 마이크로비트 나침반을 들고 원하는 방향을 보고 섭니다. 해당 방향을 나타내는 방위(E, W, S, N)가 나오고 4방위마다 동물 그림을 나타내어 동물 흉내를 내 보세요.

힌트 [기본] 탭의 [아이콘 출력]에서 원하는 동물 그림을 연결시켜 보세요.

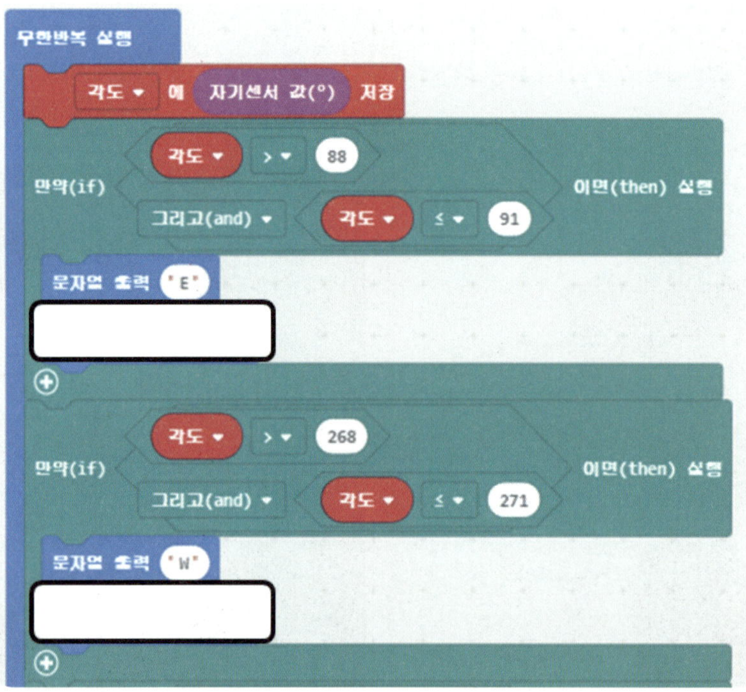
무한반복 실행
각도 에 자기센서 값(°) 저장
만약(if) 각도 > 88 그리고(and) 각도 ≤ 91 이면(then) 실행
문자열 출력 "E"
만약(if) 각도 > 268 그리고(and) 각도 ≤ 271 이면(then) 실행
문자열 출력 "W"

남쪽(S)와 북쪽(N)도 코딩하여 동서남북게임을 완성해보세요!

사막에서 물 찾기 탐험

사막에서 물 찾기

사막에서는 하루에 최소 4L 이상의 물을 마시는 것이 좋습니다. 그렇다면 어떻게 물을 구할까요?

동물과 식물을 주목하라!

부채잎파초
잎에 물이 저장되어 있어서 간이 정수기만 있다면 물을 마실 수 있습니다.

새가 날아가는 방향
새는 물이 있는 곳을 향해 날아갑니다. 일몰과 새벽녘에 새가날아가는 방향을 살펴보세요.

물 수확 장치가 새로 나왔다!

물 수확 장치는 스펀지 형태의 금속(MOF)을 이용합니다. 습도가 높은 밤에는 물을 흡수했다가 낮에 물을 내뿜어주는 장치입니다. 미국에 있는 사막에서 연구 중입니다.

출처 : https://biz.chosun.com/site/data/html_dir/2018/06/14/2018061400064.html

간이 정수기는 필수!

정수 필터
잔여물과 불순물을 걸러주는 정수 필터로 깨끗한 물을 마셔야 합니다. 물은 끓여 마시는 것이 가장 안전합니다.

7 예시 답안

1 미션

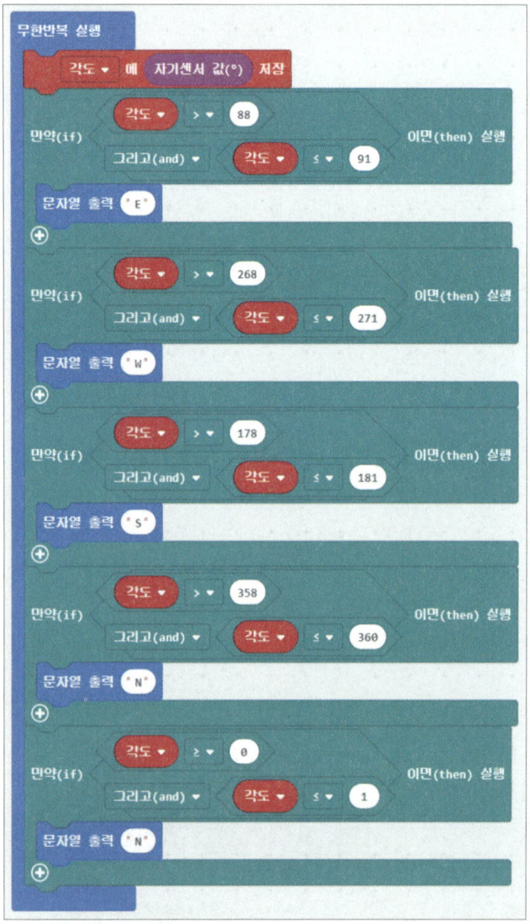
무한반복 실행
각도 ▾ 에 자기센서 값(°) 저장
만약(if) 각도 ▾ > ▾ 88 그리고(and) ▾ 각도 ▾ ≤ ▾ 91 이면(then) 실행
문자열 출력 "E"
만약(if) 각도 ▾ > ▾ 268 그리고(and) ▾ 각도 ▾ ≤ ▾ 271 이면(then) 실행
문자열 출력 "W"
만약(if) 각도 ▾ > ▾ 178 그리고(and) ▾ 각도 ▾ ≤ ▾ 181 이면(then) 실행
문자열 출력 "S"
만약(if) 각도 ▾ > ▾ 358 그리고(and) ▾ 각도 ▾ ≤ ▾ 360 이면(then) 실행
문자열 출력 "N"
만약(if) 각도 ▾ ≥ ▾ 0 그리고(and) ▾ 각도 ▾ ≤ ▾ 1 이면(then) 실행
문자열 출력 "N"

2 업그레이드 미션

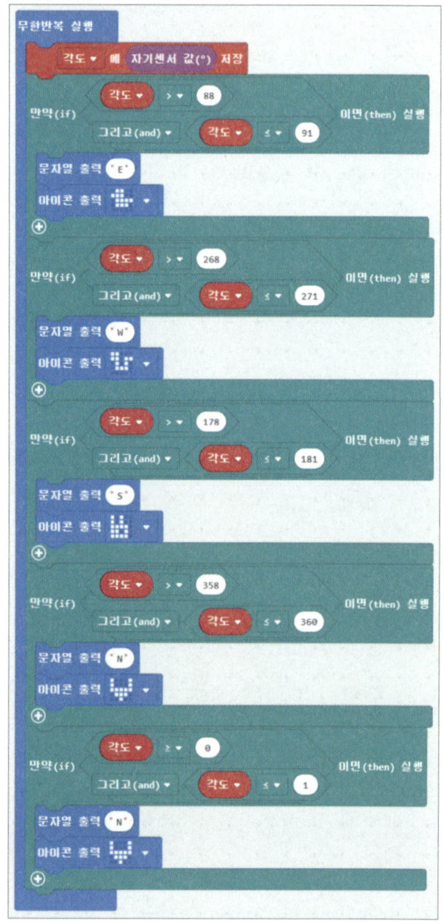
무한반복 실행
각도 ▾ 에 자기센서 값(°) 저장
만약(if) 각도 ▾ > ▾ 88 그리고(and) ▾ 각도 ▾ ≤ ▾ 91 이면(then) 실행
문자열 출력 "E"
아이콘 출력
만약(if) 각도 ▾ > ▾ 268 그리고(and) ▾ 각도 ▾ ≤ ▾ 271 이면(then) 실행
문자열 출력 "W"
아이콘 출력
만약(if) 각도 ▾ > ▾ 178 그리고(and) ▾ 각도 ▾ ≤ ▾ 181 이면(then) 실행
문자열 출력 "S"
아이콘 출력
만약(if) 각도 ▾ > ▾ 358 그리고(and) ▾ 각도 ▾ ≤ ▾ 360 이면(then) 실행
문자열 출력 "N"
아이콘 출력
만약(if) 각도 ▾ ≥ ▾ 0 그리고(and) ▾ 각도 ▾ ≤ ▾ 1 이면(then) 실행
문자열 출력 "N"
아이콘 출력

07 프로젝트 사칼라바 사람들과 함께하는 게임

1 준비하기

01 : 무엇을 배워볼까요?

학습 주제	랜덤 정수를 사용하여 랜덤 가위 · 바위 · 보 게임을 만들어 봅시다.
중점 교과 성취 기준	수학 사건이 일어날 가능성을 수로 표현할 수 있다. 실과 문제를 해결하는 프로그램을 만드는 과정에서 순차, 선택, 반복 등의 구조를 이해한다.
컴퓨팅 사고력	분해, 알고리즘, 자동화
프로그래밍 요소	난수, 자료 표현, 순차, 반복, 조건
핵심 역량	지식정보처리, 의사소통, 공동체

02 : 사용하는 센서 및 엑츄에이터 알기

가속도 센서

가속도 센서란 속도의 변화인 가속도를 측정하는 센서입니다. 가속도 센서를 이용하면 물체의 기울기나 진동 등의 정보를 알 수 있습니다.

가속도 센서 값을 활용해 다양한 프로그램을 만들 수 있습니다. 마이크로비트 흔들림을 감지했을 때, 로고가 하늘 방향일 때 등 마이크로비트의 방향을 감지했을 경우 무언가를 하도록 만들 수 있습니다. 또 가속도 센서의 x,y,z축의 값(mg)을 활용해서 기울기의 정도를 정확하게 측정할 수도 있습니다.

2 이야기 속으로

드디어 남부 사막지대를 벗어났다! 이제 서부 평야 지대가 펼쳐질거야.
와! 드디어 사막 탈출~!
우아~ 바오밥 나무다! 정말 거대하고 멋지네요!
바오밥 나무가 참 멋지지?
저녁에 되기 전 사칼라바 부족이 살고 있는 마을에 도착할거야. 사칼라바부족은 얼굴에 흰 분칠을 하고 있으니 너무 놀라지 마렴.
흰색 분칠이요? 왜 흰색 분칠을 하고 있나요?
사칼라바 부족은 '마손조아니' 라는 나무의 즙을 얼굴에 바른단다. 뜨겁고 건조한 날씨에 피부를 보호하고 수분을 보충하기 위해서지!
아! 천연 화장품이군요.
비비! 저기 봐!

안녕하세요?
살라마~
코빗, 사칼라바 부족은 마다가스카르 최초의 왕국을 건설했던 부족이야. 하지만 메리나 족이 이곳으로 오면서 사칼라바 부족의 세력은 점점 약해졌지.
사칼라바 부족
메리나 족
사칼라바 부족 사람들은 자부심이 아주 강해서 낯선 사람들과 바로 친해지지는 않는단다.
사칼라바 부족 사람들과 친해지고 싶다. 비비! 어떻게 하면 빨리 친해질 수 있을까?
왈!
왈!
아! 비비와 자주 했던 랜덤 가위바위보 게임!
게임을 만든다고?
네! 랜덤으로 가위,바위,보가 나오는 게임이에요! 게임을 얼른 만들어서 사칼라바 부족 어린이들과 친해져볼래요!
도전~!

미션 랜덤 정수를 이용하여 랜덤 가위 · 바위 · 보 게임을 만들어 봅시다.

3 나도 메이커

1 마이크로비트, usb 케이블, 보조배터리, 건틀렛(부록), 가위를 준비합니다.

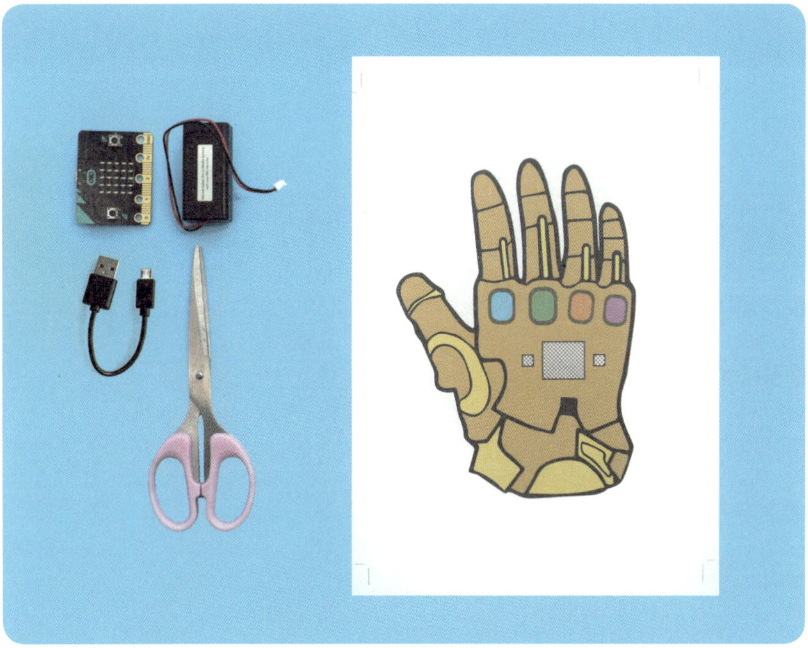

예시 그림은 이해를 돕기 위해 미리 색칠된 도안을 사용하였습니다.

TIP

마이크로비트 배터리에 AA건전지 2개를 미리 끼워놓습니다.

2 건틀렛을 원하는 대로 꾸미고 자릅니다.

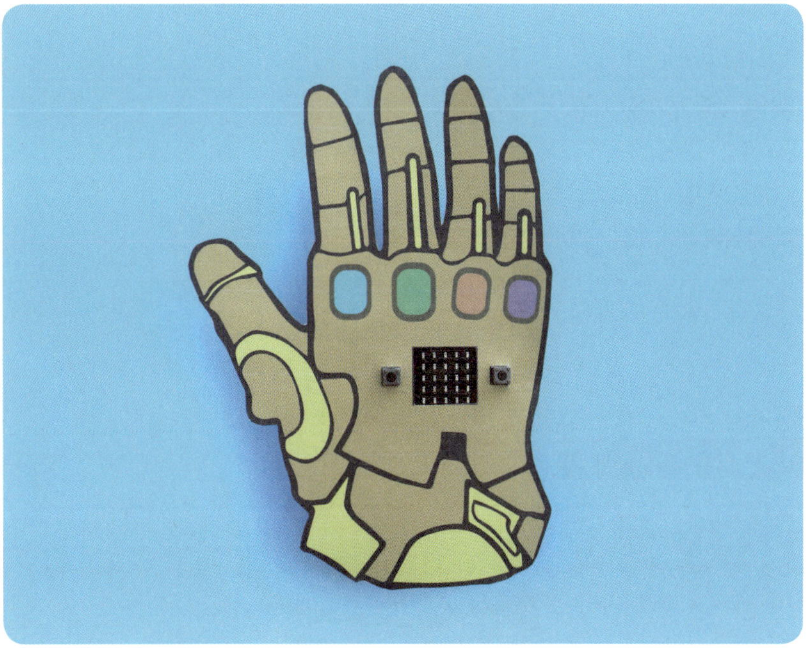

4 코딩 미션 해결하기

Coding ▸ 랜덤 정수를 이용하여 흔들었을 때 랜덤으로 가위 · 바위 · 보가 나오는 게임 만들기

01 : 알고리즘 살펴보기

1 글로 알고리즘 작성하기

★ 흔들림을 감지했을 때 가위, 바위, 보 그림이 랜덤으로 나온다.

1. 흔들림이 감지되면 아래의 블록들을 실행합니다.
2. 3,2,1 숫자를 출력하고 LED 스크린을 지웁니다.
3. 1초 일시중지 합니다.
4. '가위바위보' 변수 값은 0~2중 랜덤 정수로 저장합니다.
5. 만약 '가위바위보' 변수 값이 0이면 가위 그림이 나옵니다.
6.
7.

★ 아래의 〈보기〉에서 찾아 순서대로 적어 보세요.

❶ 둘 다 아니면 '가위바위보' 보 그림이 나옵니다.
❷ 아니면서 만약 '가위바위보' 변수 값이 1이면 바위 그림이 나옵니다.

정수 랜덤값

```
0 부터 10 까지의 정수 랜덤값
```

정수 랜덤값 블록은 첫 번째 입력된 수부터 두 번째 입력된 수까지 중 무작위로 숫자 하나를 뽑아주는 블록이에요.
'가위바위보' 변수에 0부터 2까지의 정수 랜덤값을 저장한다면 0, 1, 2중에 무작위로 1가지 숫자가 나오도록 프로그래밍 할 수 있답니다.

다양한 경우의 수를 코딩하려면?

[논리] 탭에는 다양한 경우의 수를 나타낼 수 있는 조건 블록들이 있습니다.
이 블록들을 사용하면 1가지 경우부터 아주 여러 경우까지 나누어서 코딩해 줄 수 있죠!

다양한 경우의 수에 대해서 코딩하려면 어떤 블록을 쓰는 것이 좋을지, 알맞은 블록을 골라 봅시다.

1가지 경우의 수에 대한 코딩 ●

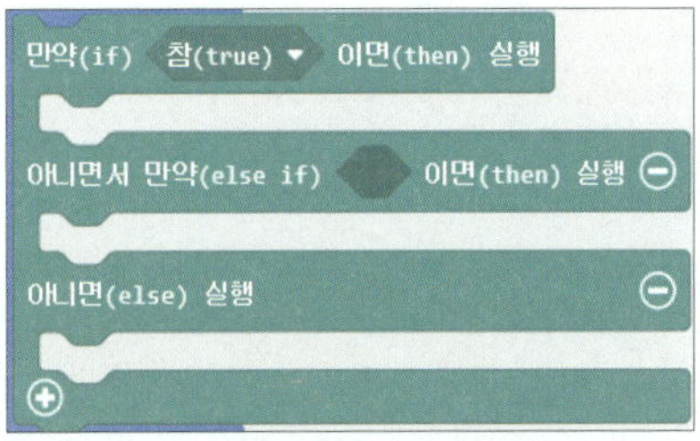
만약(if) 참(true) 이면(then) 실행
아니면서 만약(else if) 이면(then) 실행
아니면(else) 실행

2가지 경우의 수에 대한 코딩 ●

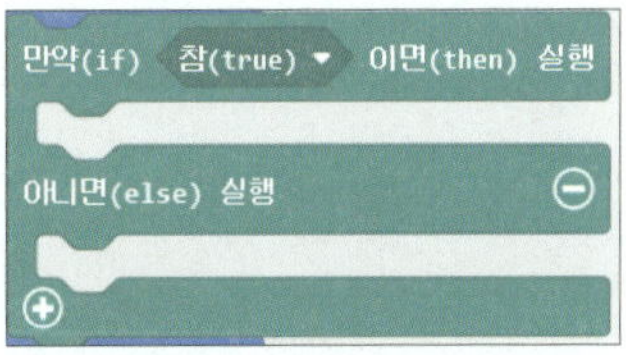
만약(if) 참(true) 이면(then) 실행
아니면(else) 실행

3가지 경우의 수에 대한 코딩 ●

만약(if) 참(true) 이면(then) 실행

2 블록으로 알고리즘 살펴보기

아래는 블록으로 나타낸 알고리즘입니다. 글로 설명한 부분에 해당하는 블록을 연결해보세요.

흔들림이 감지되면 아래의 블록들을 실행한다. •

3,2,1 숫자를 출력하고 LED 스크린을 지웁니다. •

1초 일시중지 합니다. •

'가위바위보' 변수 값은 0~2중 랜덤 정수로 저장합니다. •

만약 '가위바위보' 변수 값이 0이면 가위 그림이 나옵니다. •

• 
일시중지 1000 (ms)

• 
흔들림 감지하면 실행

• 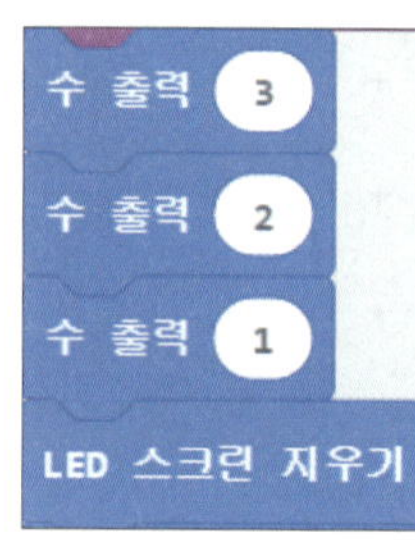
수 출력 3
수 출력 2
수 출력 1
LED 스크린 지우기

• 
만약(if) 가위바위보 = 0 이면(then) 실행
아이콘 출력

• 
가위바위보 에 0 부터 2 까지의 정수 랜덤값 저장

아니면서 만약 '가위바위보' 변수 값이 1이면 바위 그림이 나옵니다. ● ●

아니면서 만약(else if)
가위바위보
=
1
이면(then) 실행
아이콘 출력

둘 다 아니면 '가위바위보' 보 그림이 나옵니다. ● ●

아니면(else) 실행
아이콘 출력

02 : 코딩하기

마이크로비트를 노트북, 컴퓨터 PC, 또는 스마트기기에 연결하고 마이크로비트 공식 사이트 'https://microbit.org'로 들어갑니다.

1. 가장 먼저 [입력] 탭에서 '흔들림 감지하면 실행' 블록을 놓고 [기본] 탭에서 '수 출력○' 블록을 연결하여 3,2,1 숫자가 순서대로 출력되도록 합니다. [기본] 탭 [더보기]에서 'LED 스크린 지우기' 블록을 연결한 뒤 '일시중지○' 블록을 연결하여 1초(1000ms)로 바꿉니다.

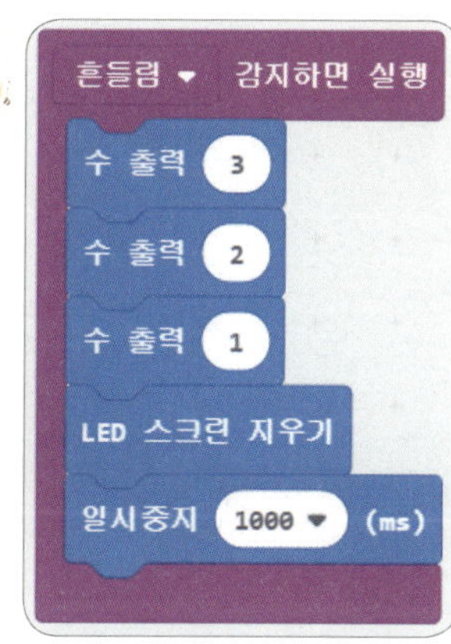
흔들림 감지하면 실행
수 출력 3
수 출력 2
수 출력 1
LED 스크린 지우기
일시중지 1000 (ms)

2. [변수] 탭에서 '가위바위보' 변수를 만듭니다. '가위바위보에 ○' 저장 블록을 연결합니다. [계산] 탭에서 '○부터○까지의 정수 랜덤값'을 가지고 와서 연결한 뒤 0과 2로 숫자를 입력합니다.

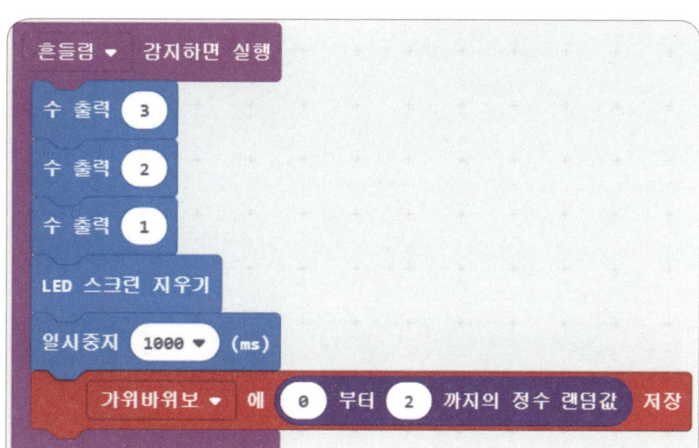
흔들림 감지하면 실행
수 출력 3
수 출력 2
수 출력 1
LED 스크린 지우기
일시중지 1000 (ms)
가위바위보 에 0 부터 2 까지의 정수 랜덤값 저장

3 [논리] 탭 '만약(if) ◇라면 실행 아니면(else) 실행' 블록을 연결하고 [논리] 탭 'ㅇ=ㅇ' 블록을 '만약(if) ◇'에 연결합니다. 랜덤 값 0, 1, 2 중 0이 나오면 '가위' 아이콘을 출력하도록 블록을 연결합니다.

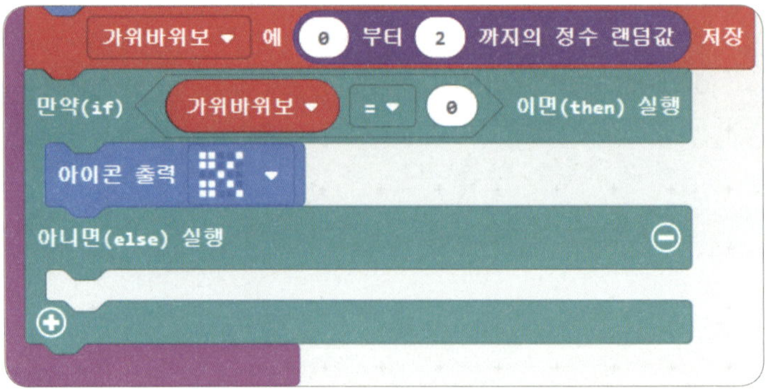

비교 연산 헷갈리지 마세요!

 : 숫자를 입력하여 비교하는 연산입니다.

 : 문자를 입력하여 비교하는 연산입니다.

'가위바위보' 변수 값은 0, 1, 2 숫자 3개 중에 랜덤으로 1개가 선택됩니다.
그러니 숫자를 비교해주는  블록을 연결해야 합니다.

두 수의 비교 연산 블록

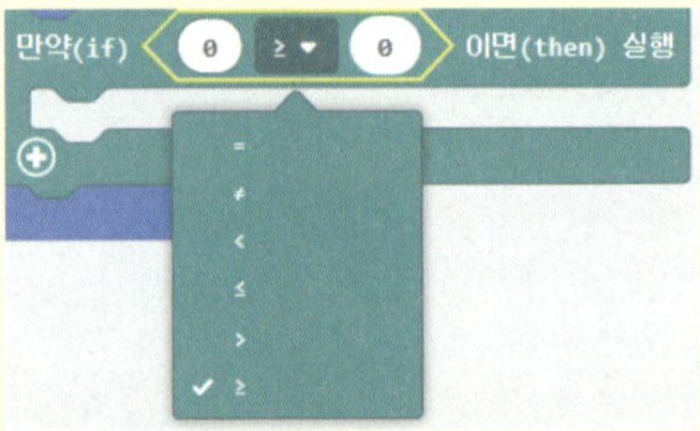

블록에 제시된 순서대로

'같다 / 같지 않다 / 왼쪽이 더 작다 / 왼쪽이 더 작거나 같다 (이하) / 왼쪽이 더 크다 / 왼쪽이 더 크거나 같다(이상)'을 뜻해요!

4 ⊕버튼을 눌러 '아니면서 만약(else if)'이 나오도록 합니다. 이제 '가위바위보' 변수 값이 1일 때 '바위' 그림이 나오도록 블록을 연결합니다.

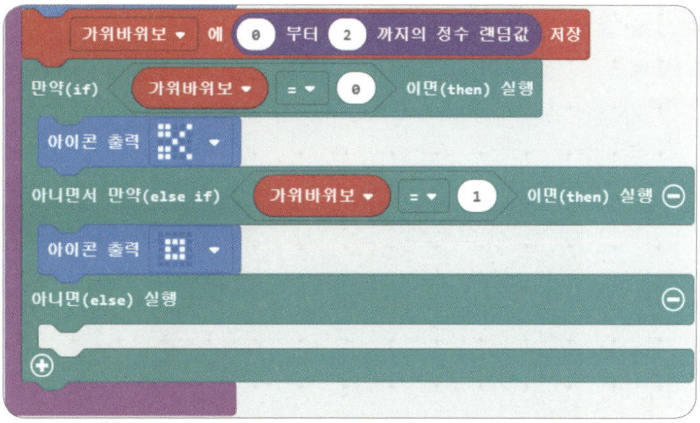
가위바위보 에 0 부터 2 까지의 정수 랜덤값 저장
만약(if) 가위바위보 = 0 이면(then) 실행
아이콘 출력
아니면서 만약(else if) 가위바위보 = 1 이면(then) 실행
아이콘 출력
아니면(else) 실행

5 마지막으로 '가위바위보' 변수 값이 0도 아니고 1도 아닌 경우에는 '보' 그림이 출력되도록 '아이콘 출력' 블록을 연결합니다.

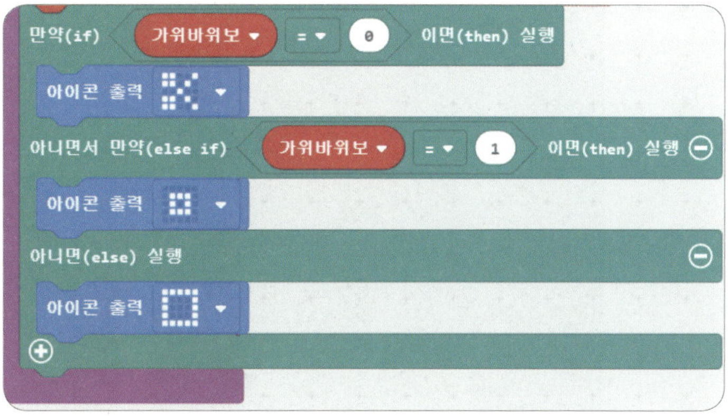
만약(if) 가위바위보 = 0 이면(then) 실행
아이콘 출력
아니면서 만약(else if) 가위바위보 = 1 이면(then) 실행
아이콘 출력
아니면(else) 실행
아이콘 출력

6 에뮬레이터에서 [시작▶]버튼을 눌러 프로그램이 정상적으로 동작하는지 확인합니다.

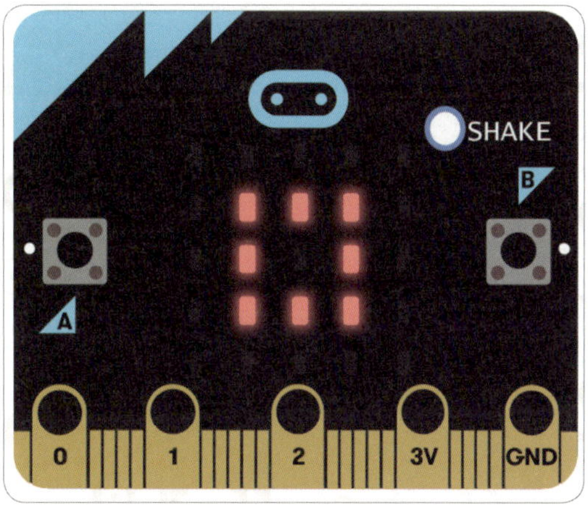
SHAKE
A
B
0
1
2
3V
GND

7 파일 이름을 '가위바위보게임'으로 바꾸고 저장 버튼을 누릅니다.

8 완성된 프로그램을 마이크로비트에 업로드 한 뒤, 마이크로비트를 배터리와 연결합니다. 나무젓가락을 테이프로 고정시킵니다.

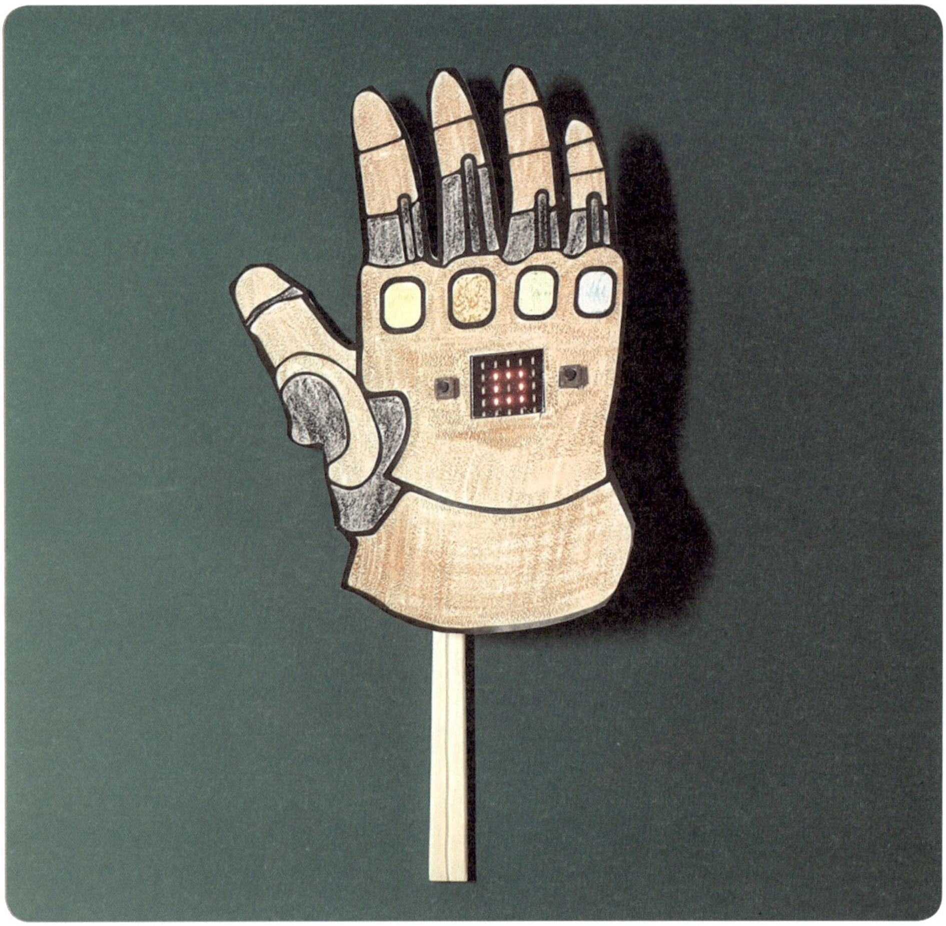

5 실력 업그레이드

게임에서 점수가 빠질 수 없죠? A버튼을 누르면 점수 1점 추가, B버튼을 누르면 점수 1점 감소, A+B버튼을 누르면 게임 종료가 되도록 만들어봅시다.

힌트 [고급]-[게임] 탭에서 `점수를 0 으로 설정`, `점수를 1 만큼 변경`, `현재 점수` 블록을 활용해보세요.

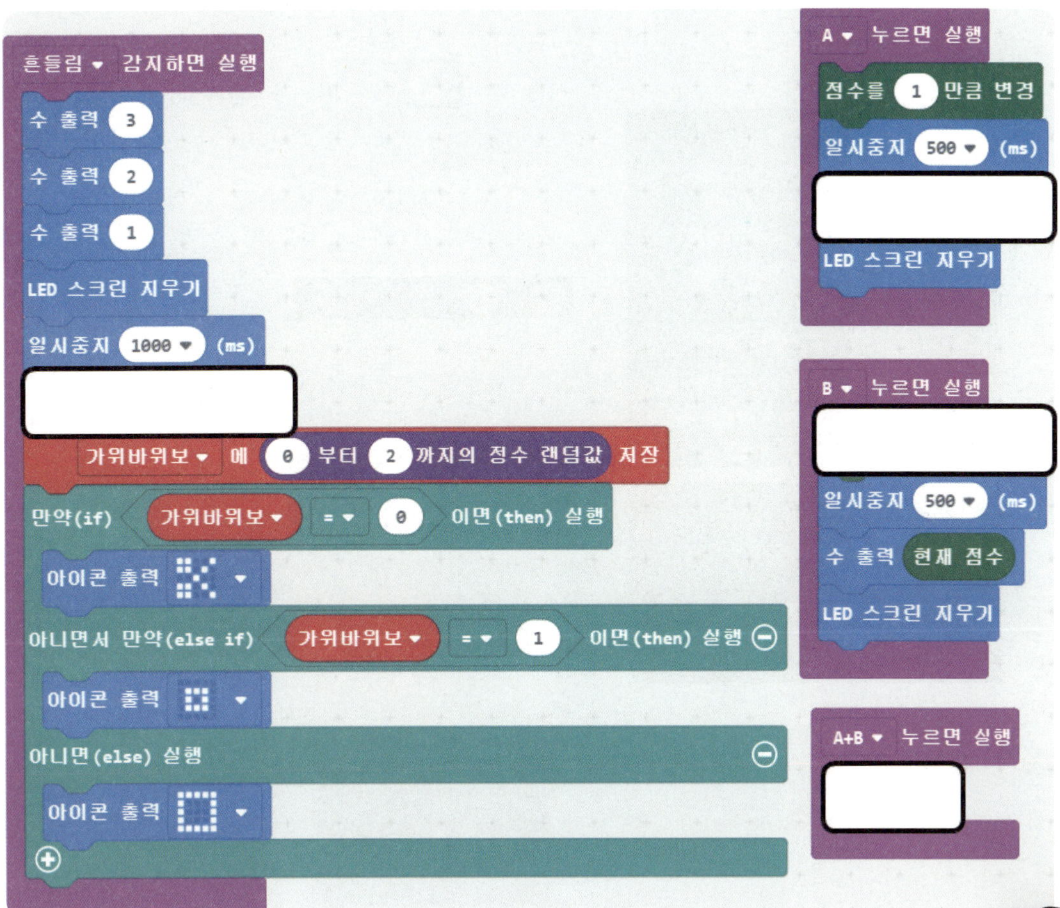

흔들림 ▾ 감지하면 실행
수 출력 3
수 출력 2
수 출력 1
LED 스크린 지우기
일시중지 1000 ▾ (ms)
가위바위보 ▾ 에 0 부터 2 까지의 정수 랜덤값 저장
만약(if) 가위바위보 ▾ = ▾ 0 이면(then) 실행
아이콘 출력
아니면서 만약(else if) 가위바위보 ▾ = ▾ 1 이면(then) 실행
아이콘 출력
아니면(else) 실행
아이콘 출력
A ▾ 누르면 실행
점수를 1 만큼 변경
일시중지 500 ▾ (ms)
LED 스크린 지우기
B ▾ 누르면 실행
일시중지 500 ▾ (ms)
수 출력 현재 점수
LED 스크린 지우기
A+B ▾ 누르면 실행

블록 기능 알아보기

• 계산 카테고리

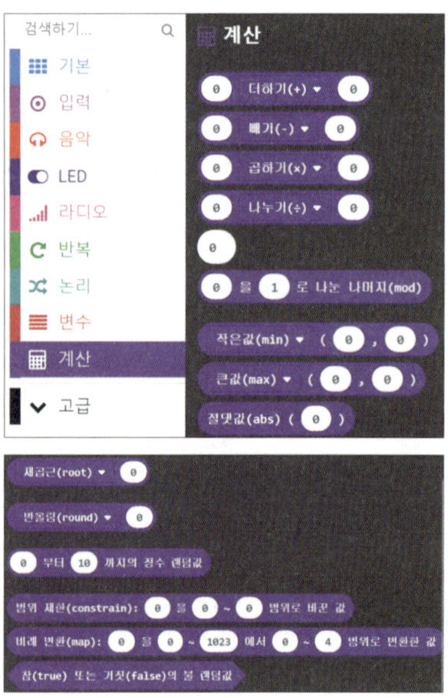	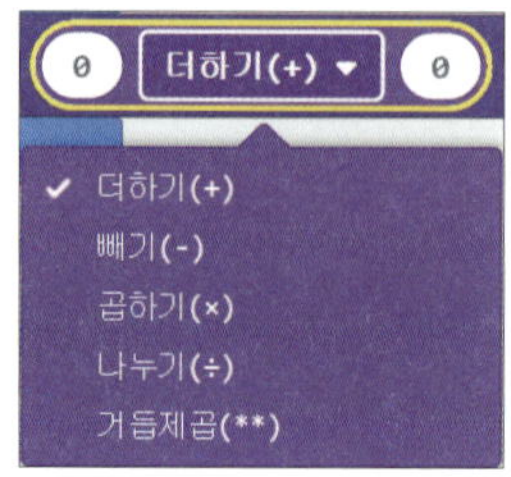	더하기(+), 빼기(−), 곱하기(×), 나누기(÷), 거듭제곱(∧)과 같은 계산을 실행합니다.
	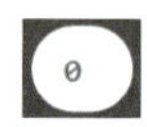	주어진 숫자 값을 입력합니다.
		두 숫자의 나머지 값을 입력합니다.
	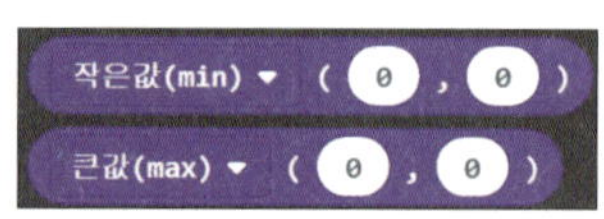	두 숫자 중 작은 값, 큰 값을 선택합니다.
	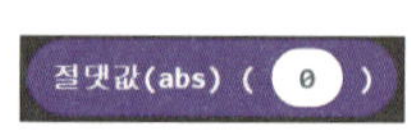	주어진 숫자의 절댓값(부호가 양인 수)을 나타냅니다.
	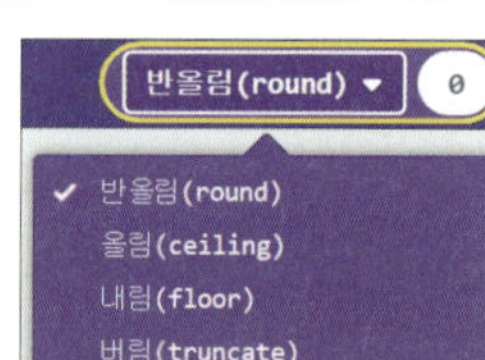	입력한 숫자를 반올림, 올림, 내림, 버림 한 값을 나타냅니다.
		입력한 숫자들 사이의 임의의 값(랜덤 값)을 나타냅니다.

6 생태 학습

마다가스카르 부족 탐험

마다가스카르에는 누가 살까요?

사칼라바 부족

사칼라바 부족은 마다가스카르 소규모 민족 중 하나입니다.
'긴 계곡의 사람들'이라는 뜻을 갖고있습니다.

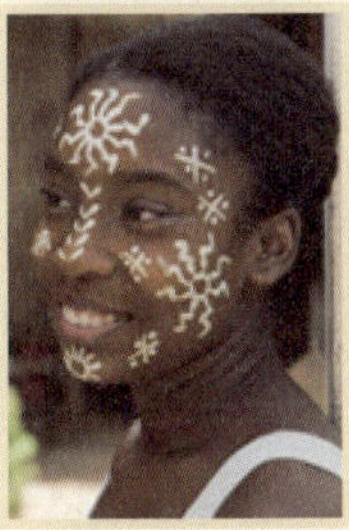

베치미사카라 부족

베치미사카라 부족은 마다가스카르에서 2번째로 큰 부족입니다.
조상을 숭배하는 문화를 가지고 있습니다.

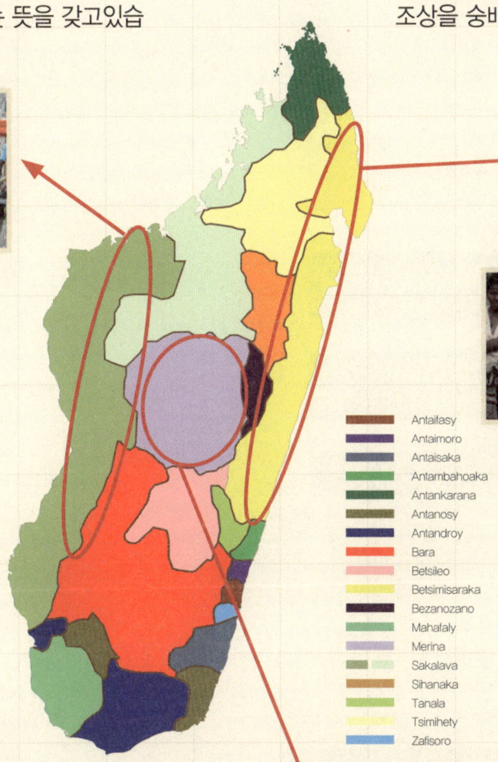

메리나 부족

메리나 부족은 마다가스카르에서 첫 번째로 큰 부족입니다.
메리나 부족은 인도네시아와 같은 동남아시아에서 건너온 민족입니다.

7 예시 답안

1가지 경우의 수에 대한 코딩

만약(if) 참(true) 이면(then) 실행

2가지 경우의 수에 대한 코딩

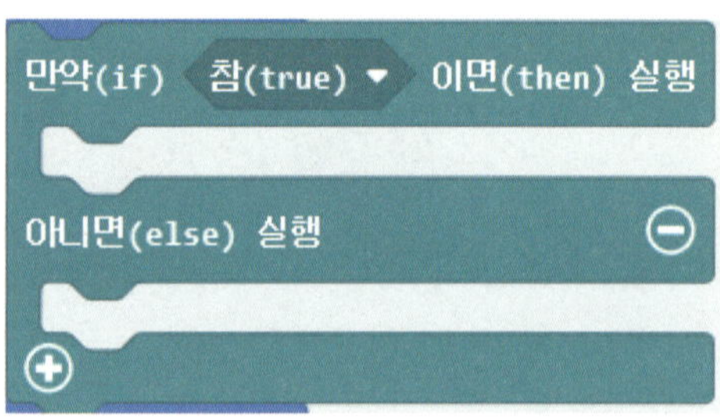
만약(if) 참(true) 이면(then) 실행
아니면(else) 실행

3가지 경우의 수에 대한 코딩

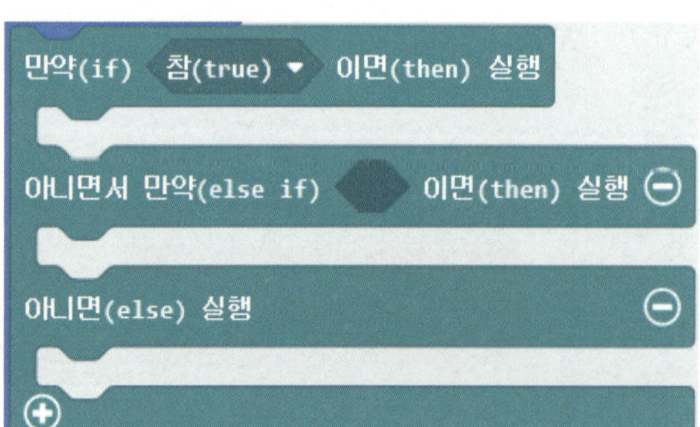
만약(if) 참(true) 이면(then) 실행
아니면서 만약(else if) 이면(then) 실행
아니면(else) 실행

1 미션

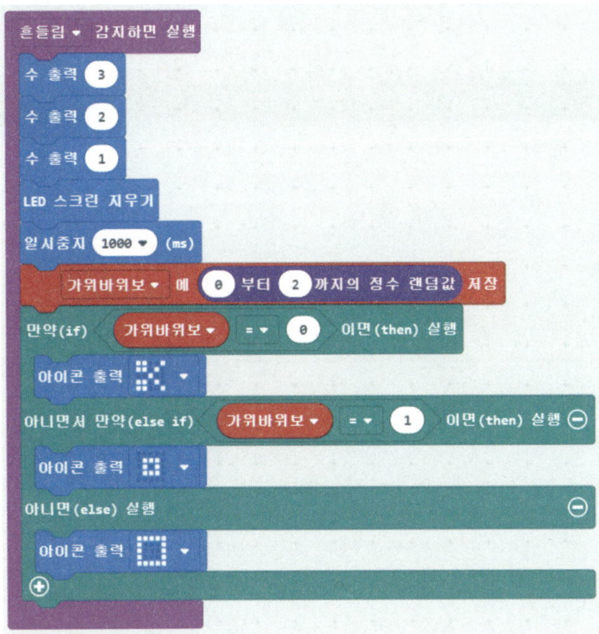
흔들림 ▾ 감지하면 실행
수 출력 3
수 출력 2
수 출력 1
LED 스크린 지우기
일시중지 1000 ▾ (ms)
가위바위보 ▾ 에 0 부터 2 까지의 정수 랜덤값 저장
만약(if) 가위바위보 ▾ = ▾ 0 이면(then) 실행
아이콘 출력
아니면서 만약(else if) 가위바위보 ▾ = ▾ 1 이면(then) 실행
아이콘 출력
아니면(else) 실행
아이콘 출력

2 업그레이드 미션

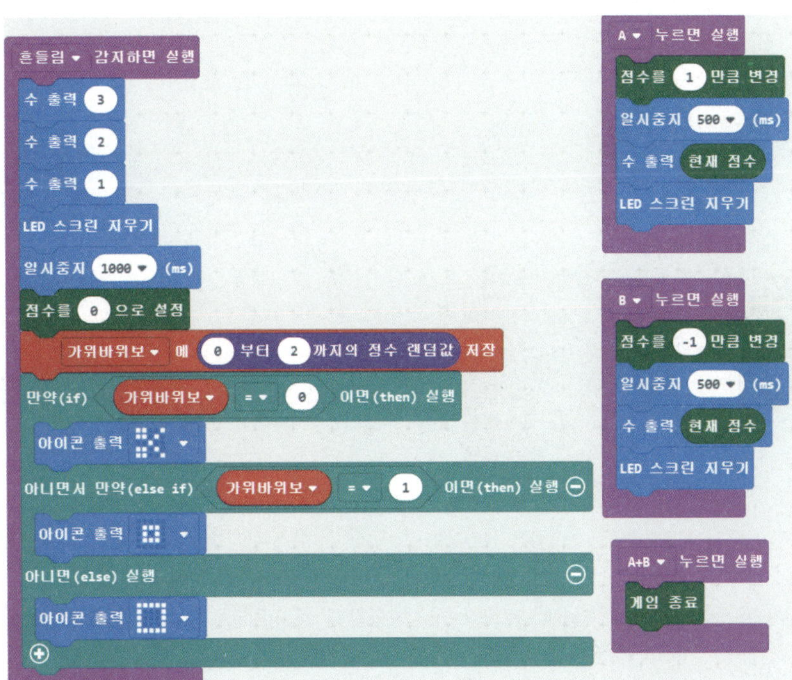
흔들림 ▾ 감지하면 실행
수 출력 3
수 출력 2
수 출력 1
LED 스크린 지우기
일시중지 1000 ▾ (ms)
점수를 0 으로 설정
가위바위보 ▾ 에 0 부터 2 까지의 정수 랜덤값 저장
만약(if) 가위바위보 ▾ = ▾ 0 이면(then) 실행
아이콘 출력
아니면서 만약(else if) 가위바위보 ▾ = ▾ 1 이면(then) 실행
아이콘 출력
아니면(else) 실행
아이콘 출력
A ▾ 누르면 실행
점수를 1 만큼 변경
일시중지 500 ▾ (ms)
수 출력 현재 점수
LED 스크린 지우기
B ▾ 누르면 실행
점수를 -1 만큼 변경
일시중지 500 ▾ (ms)
수 출력 현재 점수
LED 스크린 지우기
A+B ▾ 누르면 실행
게임 종료

프로젝트 08 악어강을 건너기 위한 수평계

1 준비하기

01 무엇을 배워볼까요?

학습 주제	기울기 센서를 이용하여 수평계가 있는 배 만들기
중점 교과 성취 기준	수학 나눗셈이 이루어지는 실생활 상황을 통하여 나눗셈의 의미를 이해한다. 실과 문제를 해결하는 프로그램을 만드는 과정에서 순차, 선택, 반복 등의 구조를 이해한다.
컴퓨팅 사고력	문제 분해, 추상화, 알고리즘, 자동화
프로그래밍 요소	순차, 반복, 조건, 변수, 수리 연산
핵심 역량	지식정보처리, 창의적 사고

02 사용하는 센서 및 엑츄에이터 알기

가속도 센서

가속도 센서란 속도의 변화인 가속도를 측정하는 센서입니다. 가속도 센서를 이용하면 물체의 기울기나 진동 등의 정보를 알 수 있습니다.

가속도 센서 값을 활용해 다양한 프로그램을 만들 수 있습니다. 마이크로비트 흔들림을 감지했을 때, 로고가 하늘 방향일 때 등 마이크로비트의 방향을 감지했을 경우 무언가를 하도록 만들 수 있습니다. 또 가속도 센서의 x,y,z축의 값(mg)을 활용해서 기울기의 정도를 정확하게 측정할 수도 있습니다.

2 이야기 속으로

그동안
고마웠습니다.
족장님.
우리도 코빗이 만든 게임 덕분에
재미있는 날들을 보냈어요.
조심히 가요. 안녕~벨루마
벌써 떠나게
되다니 아쉽네요.
마다가스카르에서
친구도 만들고!
대단하다 코빗!
이제 서부 평야지대를 지나
북부 산악지대로 간다!
드디어 북부
산악지대군요!
대장님! 이 강을
건너야 하나 봐요.
여기 작은 배가 있구나.
이걸 타고 가자.
잠시만!
주의 표지판이
있는데 읽고 가자!
찌리비하나 강에서는
절대 수영하지 마세요.
찌리비하나강
이었다니!
왈!
왈!

찌리비하나강은 악어강이라고 불릴 만큼 악어가 득실거려. 배에서 떨어지면 바로 악어밥이 될 수도 있다고!
모두들 악어조심하고~ 이제 출발해볼까?
대장님, 배가 수평을 못잡고 있어요.
내가 오른쪽, 코빗과 비비가 왼쪽이야. 으아~
대장님 강에서 얼른 나오세요! 땅으로 다시 가자!
너무 낡은 나무 배라 수평이 잘 안 잡히네. 이렇게 가다가는 모두 악어 밥이 되겠어.
마이크로비트로 수평계를 만들어볼까요? 왼쪽, 오른쪽 기울기를 알려주는 수평계요!
오! 수평계를 만들어서 배 앞머리에 붙인뒤 오른쪽, 왼쪽으로 옮겨가며 수평을 맞추자!
악어 밥이 될 수는 없죠! 코딩 시작!

미션 기울기 센서 값을 이용해 좌,우 기울기를 알려주는 수평계를 만들어 봅시다.

3 나도 메이커

1 마이크로비트, usb 케이블, 보조배터리, 배 그림(부록), 가위를 준비합니다.

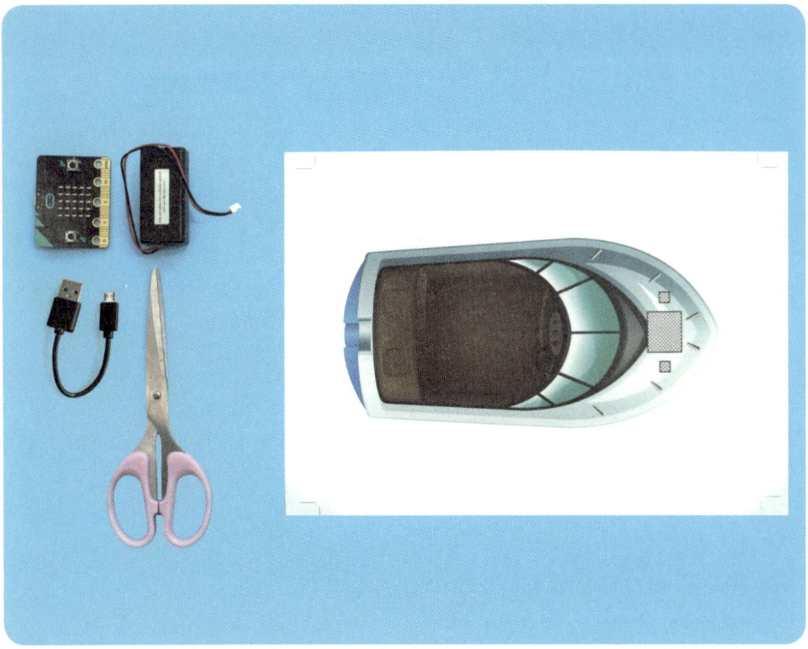

예시 그림은 이해를 돕기 위해 미리 색칠된 도안을 사용하였습니다.

TIP

마이크로비트 배터리에 AA건전지 2개를 미리 끼워놓습니다.

2 배 그림을 원하는 대로 꾸민 뒤 자릅니다.

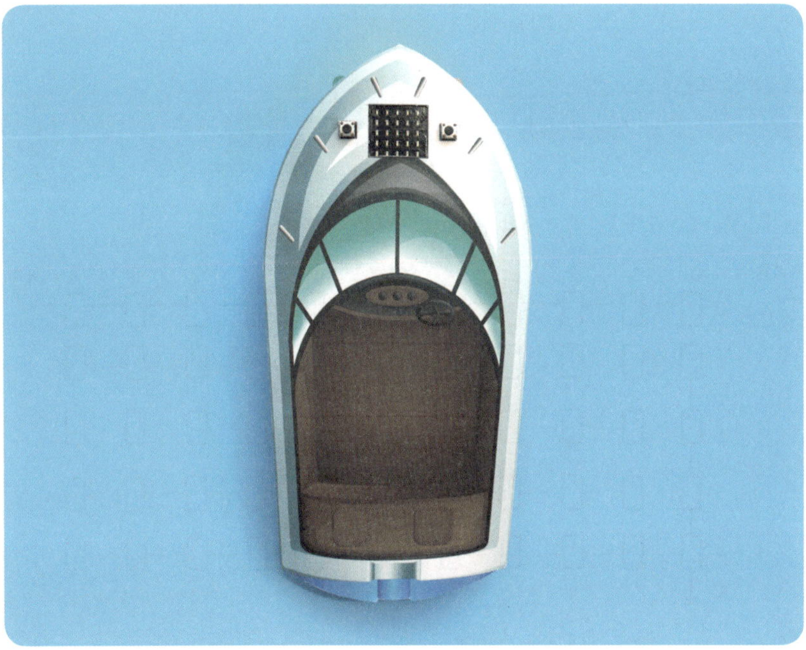

4 코딩 미션 해결하기

Coding ▸ LED로 기울기 나타내기

01 : 알고리즘 살펴보기

1 글로 알고리즘 작성하기

★ 기울기센서값에 따라 LED가 좌우로 변하는 프로그램을 만들어봅시다.

1. 아래의 블록들을 무한 반복 실행합니다.
2. LED 스크린을 지웁니다.
3. '좌우기울기' 변수에 ______________
4. LED 켜기 블록 x,y을 연결합니다.
5. x에 2+('좌우기울기'÷30)을 입력하고 ________

★ 아래의 〈보기〉에서 찾아 순서대로 적어 보세요.

> ❶ y에 2를 입력합니다.
> ❷ '기울기센서 좌–우 값'을 저장합니다.

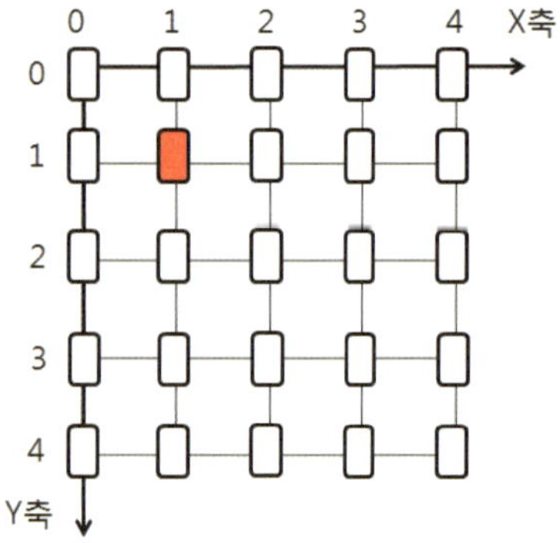

▲ LED(1,1)은 x축에서 1번째, y축에서 1번째에 해당되는 칸에 LED가 켜진다는 것을 말합니다.

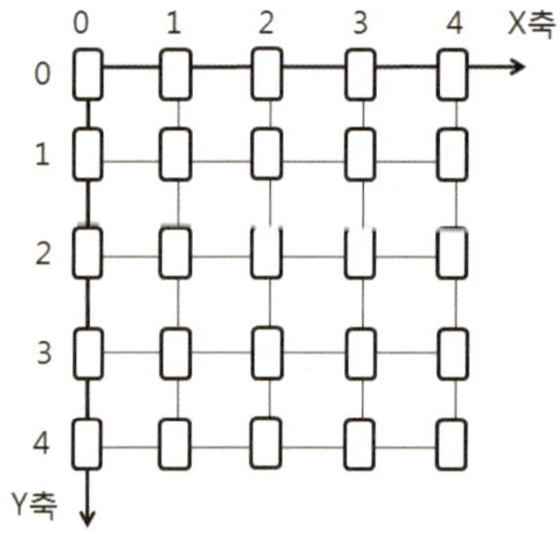

LED(2,2)를 표시해 보세요.

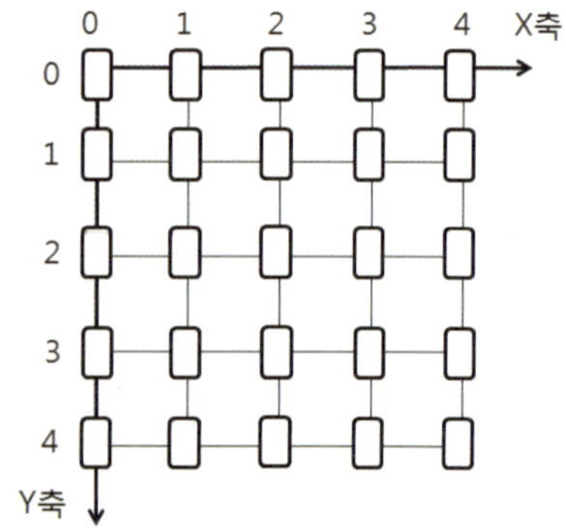

LED(4,4)를 표시해 보세요.

5 × 5 LED 매트릭스에서 x와 y의 좌표의 범위는 0,1,2,3,4이고, 정중앙의 위치가 (2,2)입니다. 원하는 위치의 LED에 불이 들어오게끔 연습해 보세요.

'기울기센서 좌우 값'

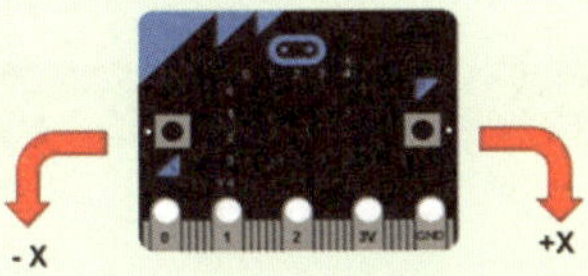

마이크로비트를 평평하게 놓은 상태는 0° 입니다. 이 상태에서 B버튼 쪽으로 기울이면 기울기센서 좌-우 값은 0부터 숫자가 점점 커집니다. 마이크로비트를 완전히 뒤집으면 180도가 됩니다. 반대로 마이크로비트를 평평하게 놓은 상태에서 A버튼 쪽으로 기울이면 값은 0부터 음의정수(-)로 숫자가 점점 작아집니다. 마이크로비트를 완전히 뒤집으면 -180도가 됩니다.

LED의 x, y값

'기울기센서 좌우' 값은 -180 ~ 180 사이입니다. x좌표는 0, 1, 2, 3, 4로 나타내야하니까 '기울기센서 좌우' 값을 그대로 사용해서는 숫자가 너무 커서 LED를 켤 수 없습니다.
그래서 '기울기센서 좌우' 값을 30으로 나누어 주어 숫자를 작게 만들어주어야 합니다.
그 다음 x좌표의 가운데 값인 2를 더해주면 기울기에 따라 LED를 켤 수 있답니다.

2 블록으로 알고리즘 살펴보기

아래는 블록으로 나타낸 알고리즘입니다. 글로 설명한 부분에 해당하는 블록을 연결해보세요.

• A버튼을 눌렀을 때

설명			블록
아래의 블록들을 무한 반복 실행합니다.	●	●	
LED 스크린을 지웁니다.	●	●	
'좌우기울기' 변수에 '기울기센서 좌-우 값'을 저장합니다.	●	●	
LED 켜기 블록 x,y을 연결합니다.	●	●	
x에 2+('좌우기울기'÷30)을 입력하고 y에 2를 입력합니다.	●	●	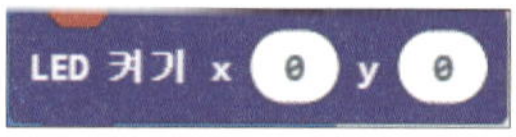

02 : 코딩하기

마이크로비트를 노트북, 컴퓨터 PC, 또는 스마트기기에 연결하고 마이크로비트 공식 사이트 'https://microbit.org'로 들어갑니다.

1. [기본] 탭에서 '무한 반복' 블록을 연결하고 'LED 스크린 지우기' 블록을 연결합니다.

무한반복 실행
LED 스크린 지우기

2. [변수] 탭에서 '좌우기울기' 변수를 만듭니다. [입력] 탭에서 '기울기센서 ㅁ값'을 연결합니다. 기울기센서 값은 '좌우'로 선택합니다.

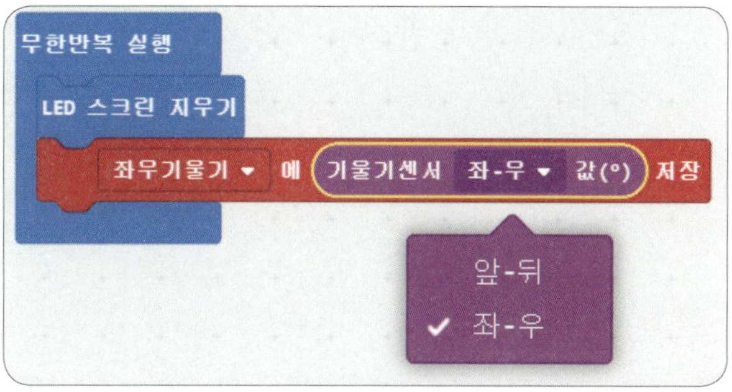

무한반복 실행
LED 스크린 지우기
좌우기울기 에 기울기센서 좌-우 값(°) 저장
앞-뒤
좌-우

3. [LED]탭에서 'LED 켜기 x○ y○'블록을 연결합니다.

무한반복 실행
LED 스크린 지우기
좌우기울기 에 기울기센서 좌-우 값(°) 저장
LED 켜기 x 0 y 0

4. [계산]탭에서 '○+○'를 x좌표 값에 넣습니다. ○+○의 처음 빈 칸에 x좌표 가운데 값인 2를 적습니다.

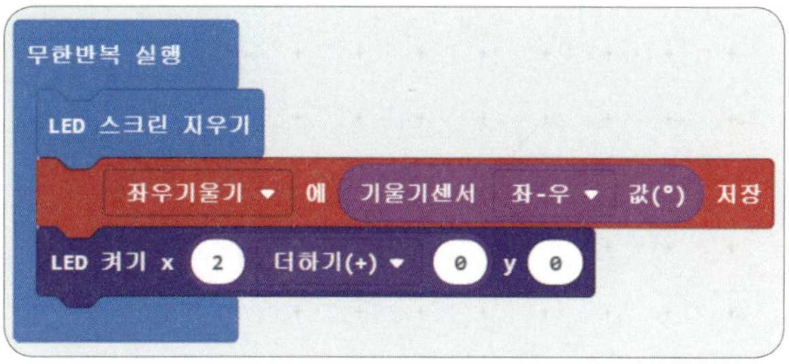

무한반복 실행
LED 스크린 지우기
좌우기울기 에 기울기센서 좌-우 값(°) 저장
LED 켜기 x 2 더하기(+) 0 y 0

5 ○+○의 두 번째 빈 칸에 [계산] 탭 ○÷○를 넣습니다.

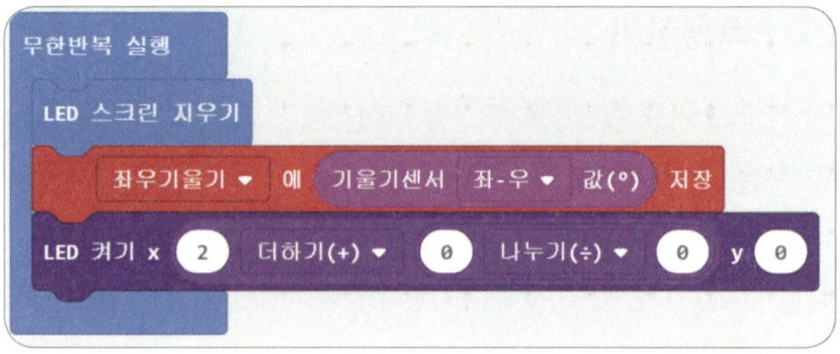
무한반복 실행
LED 스크린 지우기
좌우기울기 ▾ 에 기울기센서 좌-우 ▾ 값(°) 저장
LED 켜기 x 2 더하기(+) ▾ 0 나누기(÷) ▾ 0 y 0

6 나눗셈의 첫 번째 빈 칸에는 '좌우기울기', 두 번째 빈칸에는 '30'을 적습니다.

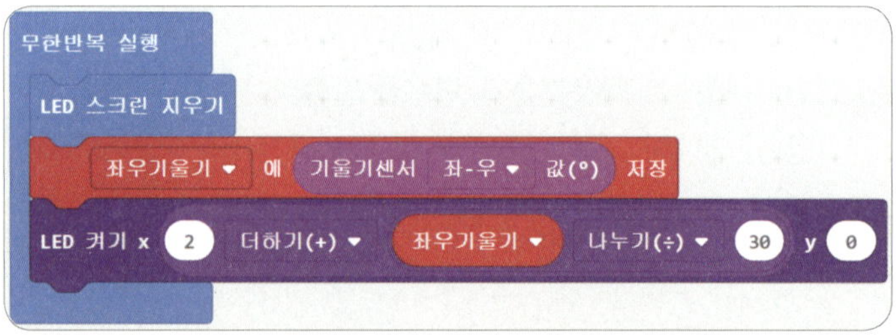
무한반복 실행
LED 스크린 지우기
좌우기울기 ▾ 에 기울기센서 좌-우 ▾ 값(°) 저장
LED 켜기 x 2 더하기(+) ▾ 좌우기울기 ▾ 나누기(÷) ▾ 30 y 0

덧셈과 나눗셈의 혼합계산

덧셈과 곱셈이 섞여 있다면 '나눗셈'부터 계산합니다.
'좌우기울기÷30'을 먼저 계산한 뒤 계산한 값을 2와 더해줍니다.
계산 순서에 따라 블록을 배열하는 연습을 해보세요!

7 LED 켜기 x,y에서 y값은 2로 적어서 위,아래로 움직이지 않게 위치를 고정시켜줍니다.

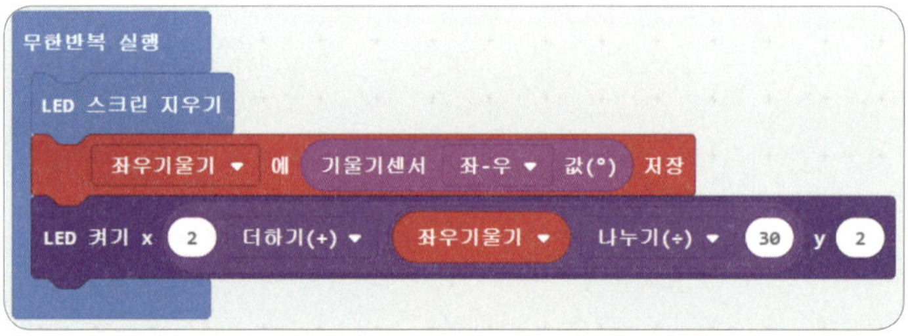
무한반복 실행
LED 스크린 지우기
좌우기울기 ▾ 에 기울기센서 좌-우 ▾ 값(°) 저장
LED 켜기 x 2 더하기(+) ▾ 좌우기울기 ▾ 나누기(÷) ▾ 30 y 2

8 에뮬레이터에서 [시작▶]버튼을 눌러 프로그램이 정상적으로 동작하는지 확인합니다.

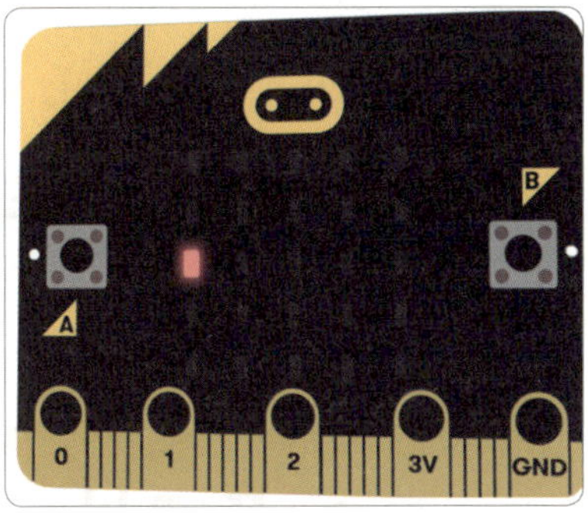

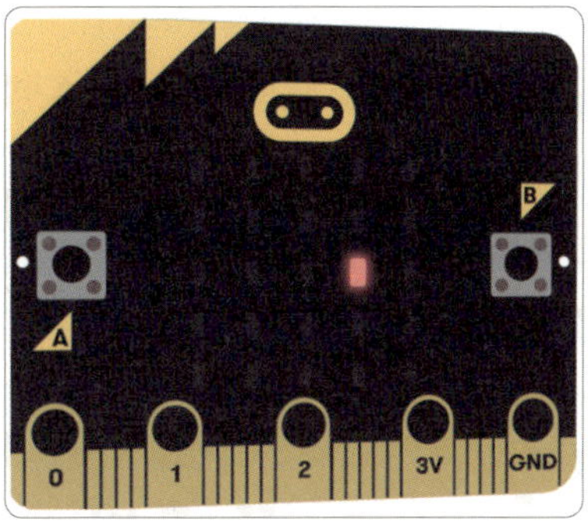

9 파일 이름을 '수평계'로 바꾸고 저장 버튼을 누릅니다.

10 완성된 프로그램을 마이크로비트에 업로드 한 뒤, 마이크로비트를 배터리와 연결합니다. 도안에 끼우고 뒷부분은 투명 테이프로 고정시켜 봅니다.

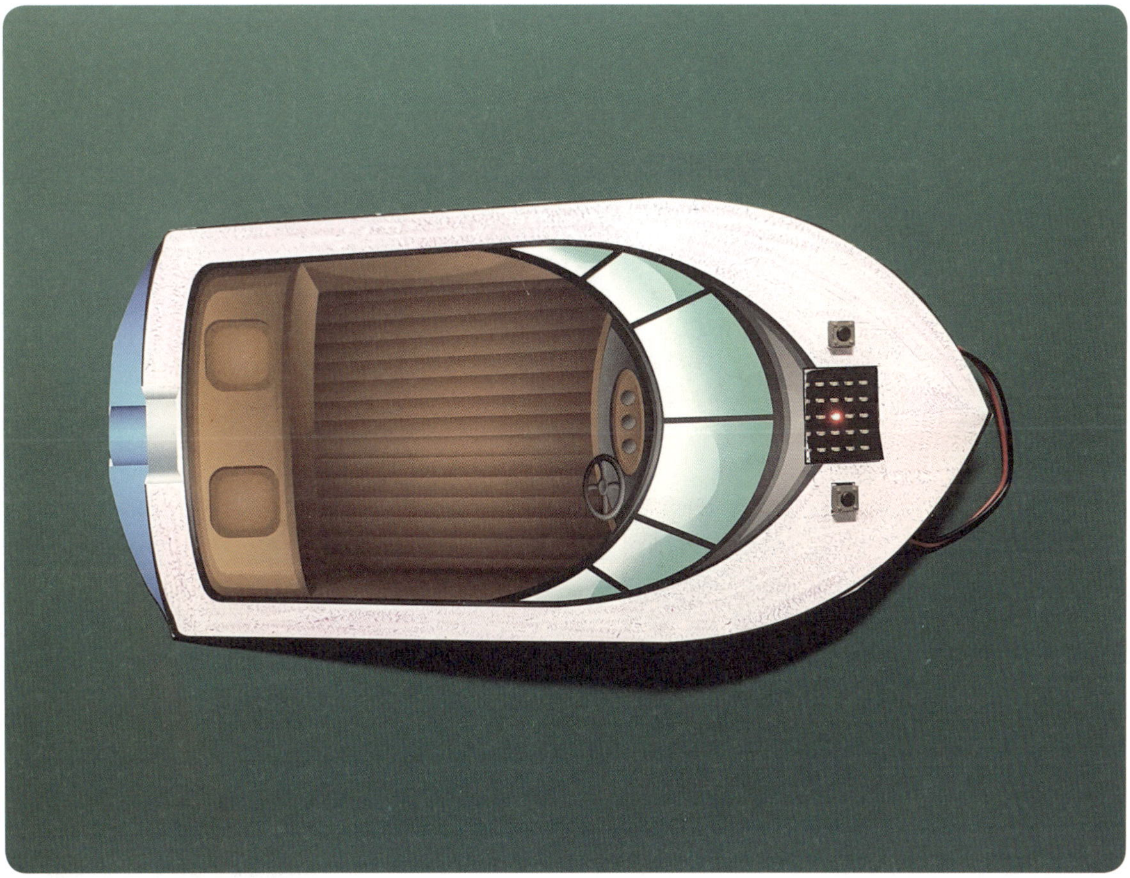

5 실력 업그레이드

기울기센서 앞뒤 값을 활용해서 좌, 우, 앞, 뒤로 LED가 표시되는 수평계를 만들어 봅시다.

힌트 앞뒤기울기 ▾ 에 0 저장 , 기울기센서 앞-뒤 ▾ 값(°) 블록을 활용해 보세요.

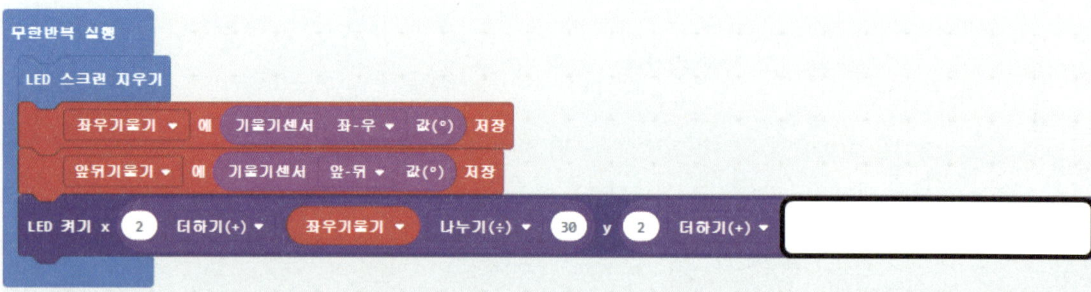

무한반복 실행
LED 스크린 지우기
좌우기울기 ▾ 에 기울기센서 좌-우 ▾ 값(°) 저장
앞뒤기울기 ▾ 에 기울기센서 앞-뒤 ▾ 값(°) 저장
LED 켜기 x 2 더하기(+) ▾ 좌우기울기 ▾ 나누기(÷) ▾ 30 y 2 더하기(+) ▾

'기울기센서 앞-뒤 값'

마이크로비트를 평평하게 놓은 상태는 0° 입니다. 이 상태에서 로고 쪽으로 기울이면 기울기센서 앞-뒤 값은 0부터 숫자가 점점 작아집니다. 마이크로비트를 완전히 뒤집으면 -180도가 됩니다. 반대로 마이크로비트를 평평하게 놓은 상태에서 핀 연결 쪽으로 기울이면 값은 0부터 점점 커집니다. 마이크로비트를 완전히 뒤집으면 180도가 됩니다.

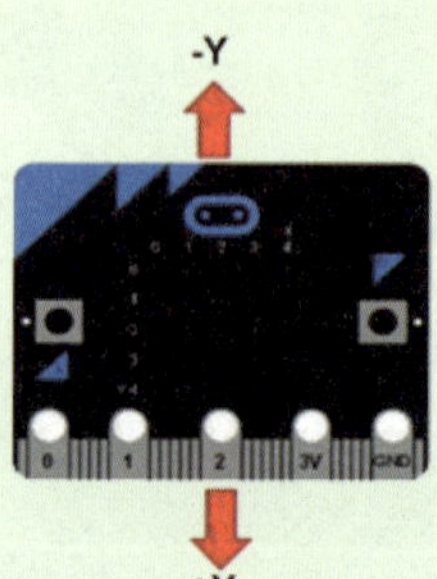

-Y
+Y

6 생태 학습

마다가스카르 역사 탐험

마다가스카르의 역사 알아보기

언제부터 마다가스카르에 사람들이 살았을까요?

마다가스카르 국민들은 아시아인과 아프리카인의 혼혈이며, 1500년에서 2000년 전부터 마다가스카르에서 살아왔습니다.
1500년, 디에고 디아스라는 포르투갈인이 유럽인으로서는 처음으로 마다가스카르에 도착 하였습니다.

마다가스카르에도 왕국이 있었다?

마다가스카르와 유럽 국가들 간 무기와 노예 거래가 활발해지면서 다마가스카르에서도 여러 왕국이 세워졌습니다. 왕국은 서로 전쟁을 하기 시작했죠. 18세기 후반이 되자 '메리나' 부족이 주도권을 잡았습니다.

마다가스카르도 식민지였나요?

마다가스카르는 영국과 프랑스의 식민지였습니다. 프랑스는 마다가스카르의 노예 제도를 폐지하였지만 세금을 높여서 마다가스카르의 노예 제도를 폐지하였지만 세금을 높여서 마다가스카르 사람들의 삶을 힘들게 하기도 하였습니다. 1960년이 되어서야 마다가스카르는 평화롭게 독립하게 되었지만 그 이후 독재 정권과 군부 정권의 잦은 교체로 큰 혼란을 겪었습니다.

7 예시 답안

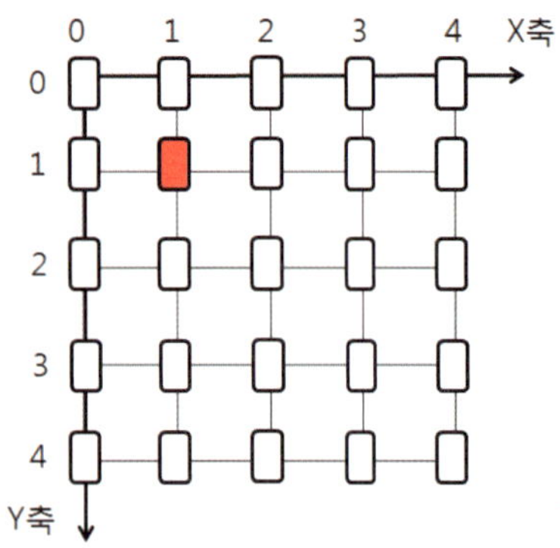
0 1 2 3 4 X축
0 1 2 3 4
Y축

▲ LED(1,1)은 x축에서 1번째, y축에서 1번째에 해당되는 칸에 LED가 켜진다는 것을 말합니다.

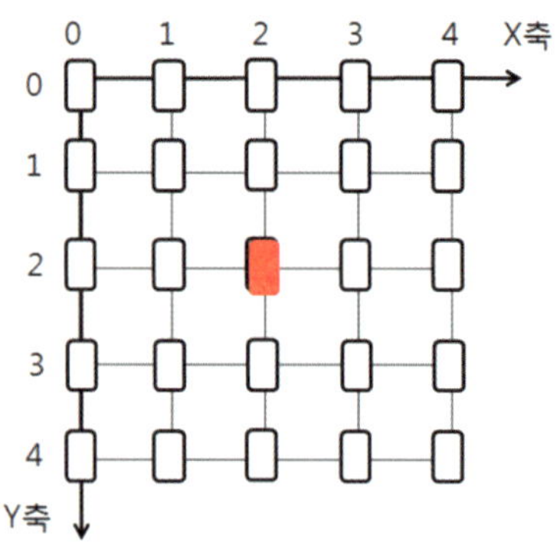
0 1 2 3 4 X축
0 1 2 3 4
Y축

LED(2,2)를 표시해 보세요.

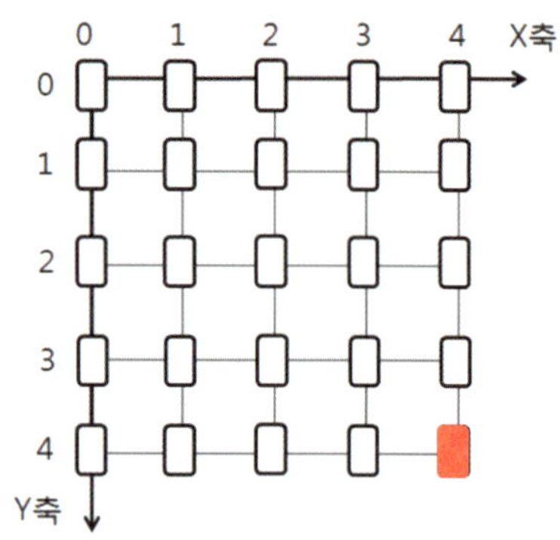
0 1 2 3 4 X축
0 1 2 3 4
Y축

LED(4,4)를 표시해 보세요.

1 미션

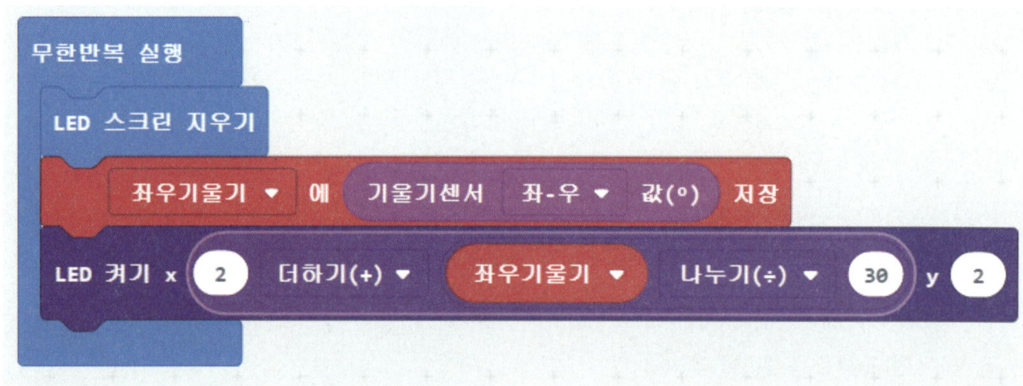
무한반복 실행
LED 스크린 지우기
좌우기울기 ▾ 에 기울기센서 좌-우 ▾ 값(°) 저장
LED 켜기 x 2 더하기(+) ▾ 좌우기울기 ▾ 나누기(÷) ▾ 30 y 2

2 업그레이드 미션

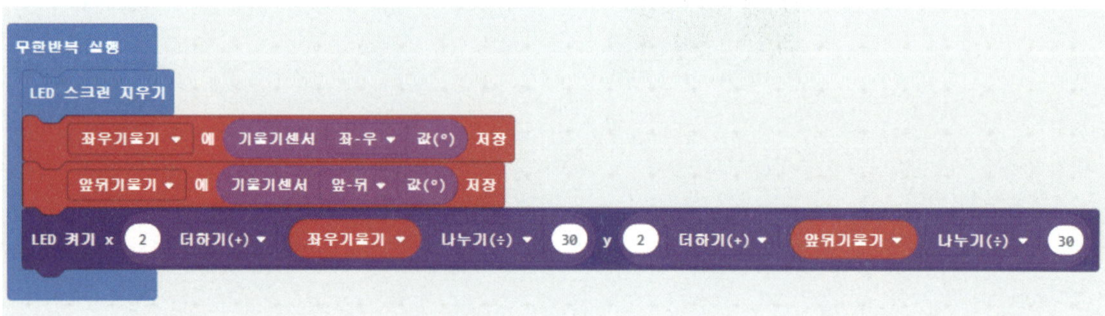
무한반복 실행
LED 스크린 지우기
좌우기울기 ▾ 에 기울기센서 좌-우 ▾ 값(°) 저장
앞뒤기울기 ▾ 에 기울기센서 앞-뒤 ▾ 값(°) 저장
LED 켜기 x 2 더하기(+) ▾ 좌우기울기 ▾ 나누기(÷) ▾ 30 y 2 더하기(+) ▾ 앞뒤기울기 ▾ 나누기(÷) ▾ 30

09 프로젝트 출렁다리 레이스를 위한 초시계

1 준비하기

01 : 무엇을 배워볼까요?

학습 주제	시작 버튼과 정지버튼을 이용한 초시계를 만들기
중점 교과 성취 기준	수학 수학 덧셈, 뺄셈, 곱셈, 나눗셈의 혼합 계산을 할 수 있다. 초 단위까지의 시간의 덧셈과 뺄셈을 할 수 있다. 실과 문제를 해결하는 프로그램을 만드는 과정에서 순차, 선택, 반복 등의 구조를 이해한다.
컴퓨팅 사고력	문제 분해, 알고리즘, 병렬화, 자동화
프로그래밍 요소	순차, 반복, 조건, 변수, 수리 연산
핵심 역량	지식정보처리, 창의적 사고

02 : 사용하는 센서 및 엑츄에이터 알기

A, B 버튼(디지털 입력(Input))

버튼을 누르는 것, 누르지 않는 것은 디지털 신호인 0과 1을 이용하는 것입니다. 버튼을 누르지 않으면 디지털 신호는 0이 되어 아무것도 작동하지 않습니다. 버튼을 누르면 디지털 신호는 1이 되어 저장된 프로그램이 실행됩니다.

마이크로비트에는 디지털 신호를 이용하는 입력 버튼으로 A버튼과 B버튼이 있습니다. A버튼을 눌렀을 때, B버튼을 눌렀을 때, A+B버튼을 눌렀을 때 총 3개의 조건을 만들 수 있습니다. 코딩을 통해 버튼을 눌렀을 때 어떠한 동작을 하도록 설정할 수 있습니다.

2 이야기 속으로

악어강 건너기도 성공! 모두 조심히 내리렴
북부 산악지대의 시작인가보다~ 돌이 많이 보이지?
산호 같기도 하고 물고기 화석 같기도 하네요!
앗! 따가워!
마다가스카르가 거대한 땅덩어리에서 분리되며 나온 것인가요?
역시 코빗! 바다 밑에 있는 것들이 화산 작용이나 지각 변동으로 지상으로 떠올랐지.
산 위에서 바다 속을 보는 기분이에요!
앗! 따가워!
그랑칭기 맨 꼭대기에 어린이 탐험대가 도착해 있을거야.
와! 드디어 탐험의 끝이 보이는군요!
발 밑은 보지 말고 앞만 봐!
비비! 조심히 내 뒤로 따라와!

자, 이제 동굴로 들어갈거야!
모두 머리 조심해!
대장님! 벽이 온통
산호로 뒤덮여 있어요.
정말 아름다워요.
동굴에서 바위가 떨어질 수 있으니
모두 조심해. 어서 동굴을 빠져나가자.
동굴만 나가면 출렁다리가 있을거야.
다리만 건너면
그랑칭기 정상이다!
우아! 출렁다리를 보니
속이 울렁거려요.
비비!
어서 가자!
절레
절레
비비! 우리 출렁 다리 빨리 건너기
시합할까? 내가 마이크로비트로
초시계를 만들게!
오~ 출렁 다리 레이스가
펼쳐지겠구나!
끄덕
끄덕
이제 나도 달리기를
잘한다구~ 초시계를 이용해서
정정당당하게 대결해보자!

미션 작동 시간 블록을 이용해 걸린 시간을 계산하는 초시계를 만들어 봅시다.

3 나도 메이커

1. 마이크로비트, usb 케이블, 보조배터리, 초시계 도안(부록), 가위를 준비합니다.

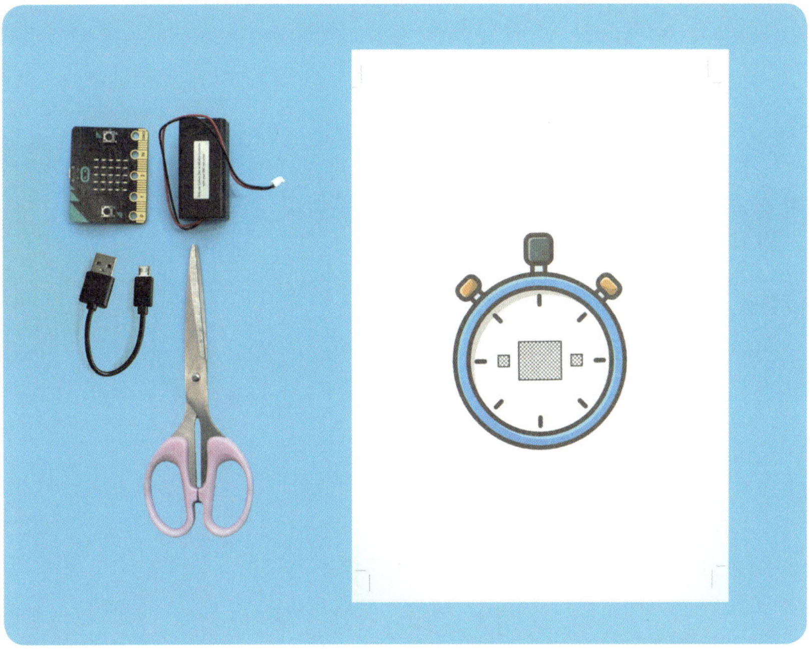

예시 그림은 이해를 돕기 위해 미리 색칠된 도안을 사용하였습니다.

TIP

마이크로비트 배터리에 AA건전지 2개를 미리 끼워놓습니다.

2. 초시계를 원하는 대로 꾸미고 도안대로 자릅니다.

4 코딩 미션 해결하기

Coding ▸ A를 누르면 시작, B를 누르면 종료가 되고 그 사이의 작동시간을 이용하여 초시계 만들기

01 : 알고리즘 살펴보기

1 글로 알고리즘 작성하기

★ A버튼을 누르면 '시작시간' 변수에 '작동시간'을 저장하고 하트 아이콘을 출력합니다.

1. A버튼을 누르면 아래의 블록들이 실행됩니다.
2.
3.

★ 아래의 〈보기〉에서 찾아 적어 보세요.

❶ 하트 아이콘을 출력합니다.
❷ '시작시간' 변수에 작동시간을 저장합니다.

★ B버튼을 누르면 A버튼을 누르고 나서 걸린 시간을 출력한 뒤 다시 '시작시간' 변수를 0으로 초기화시킵니다.

1. B버튼을 누르면 아래의 블록들이 실행됩니다.
2.
3.

★ 아래의 〈보기〉에서 찾아 적어 보세요.

❶ (작동시간–'시작시간')÷1000 값을 출력합니다.
❷ '시작시간'에 0을 저장합니다.

작동시간 블록

프로그램이 실행된 후 흐른 시간을 밀리초(ms) 단위로 알아낼 수 있습니다. '작동시간-시작시간'을 계산 한다면 얼마나 시간이 지났는지 알 수 있겠죠! A버튼을 눌렀을 때는 시작, B버튼을 눌렀을때는 종료!로 분해해서 알고리즘을 만듭니다.

또 하나 중요한 것! 작동시간은 밀리초(ms) 단위(1초 = 1000ms)로 측정된다는 사실!! 초(s) 단위로 나타내려면 어떻게 하는 것이 좋을까요?

작동시간(ms)

2 블록으로 알고리즘 살펴보기

아래는 블록으로 나타낸 알고리즘입니다. 글로 설명한 부분에 해당하는 블록을 연결해보세요.

• A버튼을 눌렀을 때

A버튼을 누르면 아래의 블록들이 실행됩니다. •

'시작시간' 변수에 작동시간을 저장합니다. •

하트 아이콘을 출력합니다. •

• 
아이콘 출력

• 
A
누르면 실행

• 
시작시간
에
작동시간(ms)
저장

• B버튼을 눌렀을 때

B버튼을 누르면 아래의 블록들이 실행됩니다. •

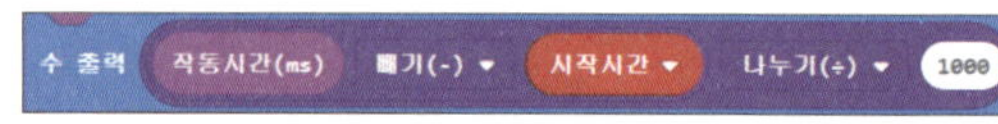
수 출력
작동시간(ms)
빼기(-)
시작시간
나누기(÷)
1000

(작동시간-시작시간)÷1000 값을 출력합니다. •

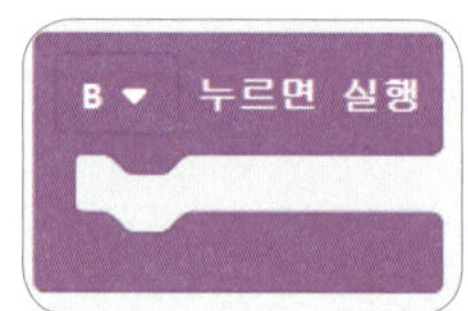
B
누르면 실행

시작시간에 0을 저장합니다. •

시작시간
에
0
저장

02 : 코딩하기

마이크로비트를 노트북, 컴퓨터 PC, 또는 스마트기기에 연결하고 마이크로비트 공식 사이트 'https://microbit.org'로 들어갑니다.

1. 가장 먼저 [입력] 탭에서 'A버튼을 누르면 실행'을 가지고 옵니다. [변수] 탭에서 '시작시간' 변수를 만들고 '시작시간'변수에 [입력]탭-더보기 '작동시간'을 저장합니다.

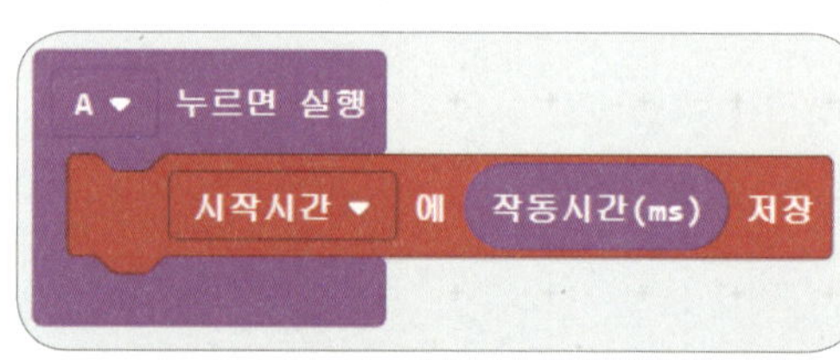
A
누르면 실행
시작시간
에
작동시간(ms)
저장

2. [기본] 탭 하트 아이콘을 연결합니다. 초시계의 A 버튼을 눌러 시간 재기를 시작하는 동안 하트 아이콘이 계속 출력됩니다.

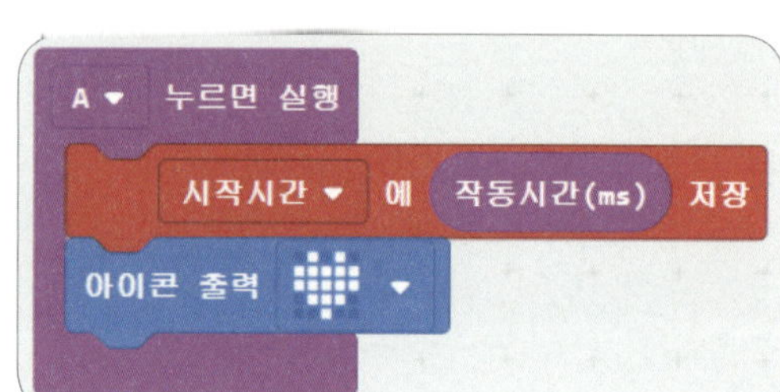
A
누르면 실행
시작시간
에
작동시간(ms)
저장
아이콘 출력

3 [입력] 탭 'B 누르면 실행'을 가지고 옵니다. [기본] 탭에서 '수출력' 블록을 연결합니다.

B ▾ 누르면 실행
수 출력 0

4 [계산]탭에서 'ㅇ + ㅇ'블록을 선택하고 빼기로 바꾸어 줍니다. 작동시간에서 '시작시간' 변수를 빼줍니다. 그럼 A를 눌렀을 시작 시간부터 B를 눌렀을 종료 시간까지의 시간이 계산됩니다.

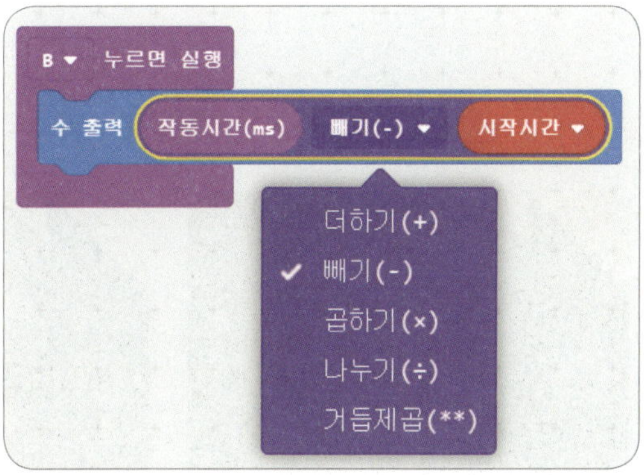
B ▾ 누르면 실행
수 출력 작동시간(ms) 빼기(-) ▾ 시작시간 ▾
더하기(+)
✔ 빼기(-)
곱하기(×)
나누기(÷)
거듭제곱(**)

5 [계산]탭에서 'ㅇ + ㅇ'블록을 선택하고 나누기로 바꾸어 줍니다. 작동시간에서 '시작시간' 변수를 뺀 값에서 1000을 나누어 줍니다.

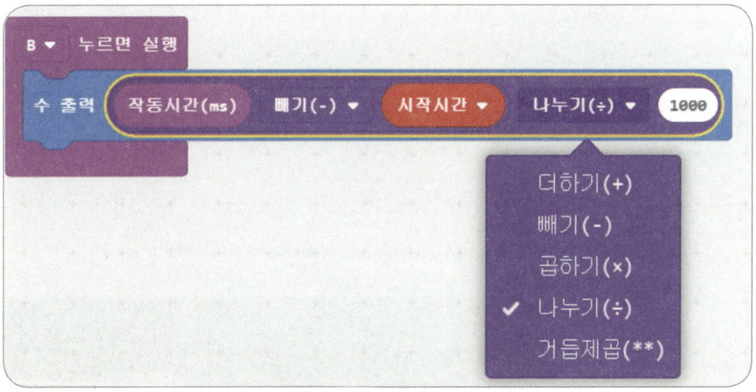
B ▾ 누르면 실행
수 출력 작동시간(ms) 빼기(-) ▾ 시작시간 ▾ 나누기(÷) ▾ 1000
더하기(+)
빼기(-)
곱하기(×)
✔ 나누기(÷)
거듭제곱(**)

뺄셈과 나눗셈의 혼합계산

뺄셈과 곱셈이 섞여 있다면 '나눗셈'부터 계산합니다.
하지만 뺄셈을 먼저 한 뒤 나온 값으로 나눗셈을 하는 경우도 있습니다.
블록을 이용할 때는 (작동시간-시작시간)÷1000처럼 괄호를 그려줄 수 없습니다.
먼저 작동시간-시작시간 블록을 만들고, 그 값을 나누기 블록에 끼워 넣어줍니다.
상황에 따라 혼합 계산 순서가 달라지니 상황을 잘 파악하고 블록을 연결하세요!

6 [변수] 탭 '시작시간 ○저장' 블록을 연결하고 초기화시키기 위해 0을 입력합니다.

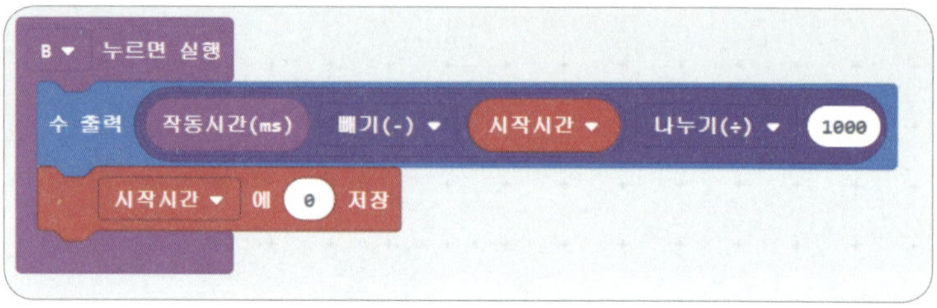

7 에뮬레이터에서 [시작▶]버튼을 눌러 프로그램이 정상적으로 동작하는지 확인합니다.

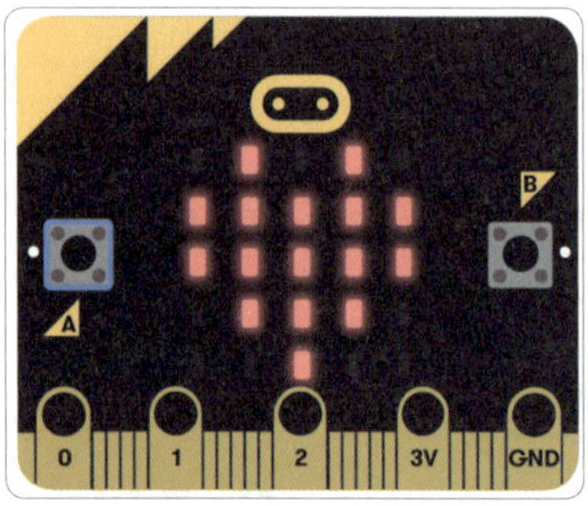

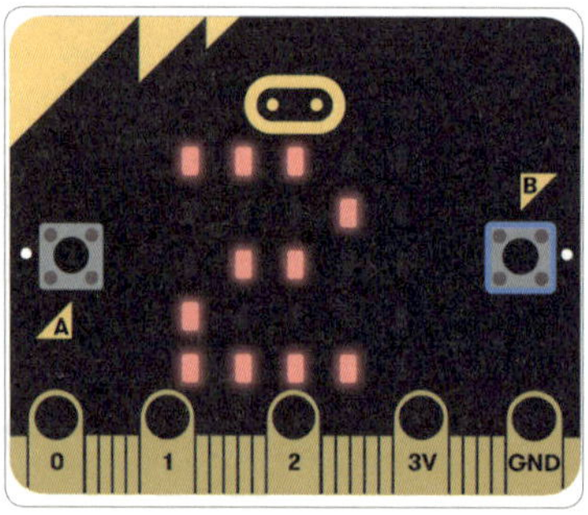

8 파일 이름을 '초시계'로 바꾸고 저장 버튼을 누릅니다.

9 완성된 프로그램을 마이크로비트에 업로드 한 뒤, 마이크로비트를 배터리와 연결합니다. 도안 뒤에 끼우고 뒷부분은 투명 테이프로 고정시켜 봅니다.

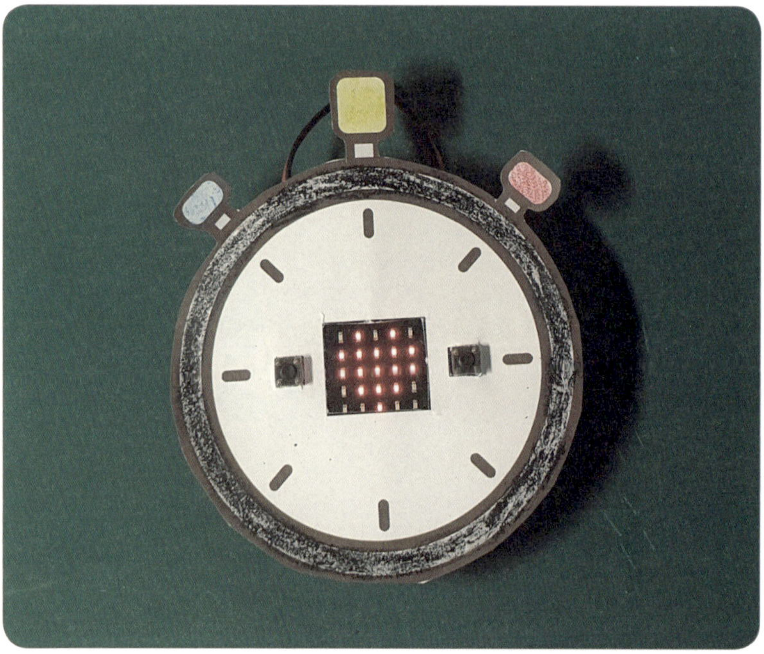

5 실력 업그레이드

A버튼을 누르고 난 뒤 종료 버튼 B를 누르면 정수로 몇 초 걸렸는지 나오게 해보세요.
※10.222222초가 아니라 10초로 나오게 해보세요.

힌트 [계산] 탭 – 반올림(round) ▾ 0 블록을 활용해보세요.

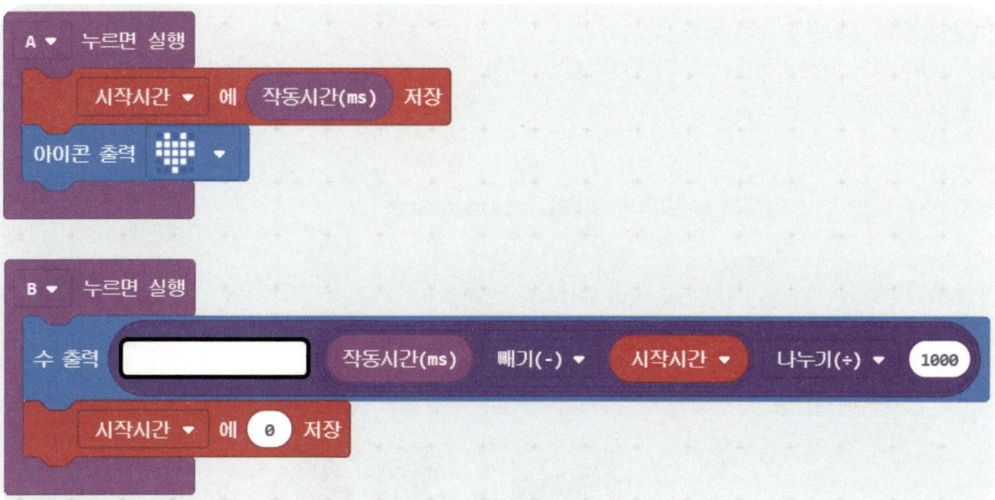
A ▾ 누르면 실행
시작시간 ▾ 에 작동시간(ms) 저장
아이콘 출력
B ▾ 누르면 실행
수 출력
작동시간(ms)
빼기(-) ▾
시작시간 ▾
나누기(÷) ▾
1000
시작시간 ▾ 에 0 저장

6 생태 학습

마다가스카르로 여행을 가고 싶다면?

마다가스카르로 여행가자!

더 많은 정보가 궁금하다면?

여행가기 가장 좋을 때는?

마다가스카르는 지역별로 기후가 다양합니다.
남부 지역의 경우 11월~3월은 허리케인 시즌이므로 4월~10월(겨울)에 방문하는 것이 좋습니다.
중앙 고원 지역은 여름에 방문해도 기온이 적당하고 여행하기에 좋습니다.

마다가스카르의 주요 여행지 – 안타나나리보(Antananarivo)

마다가스카르 국가의 수도입니다.
안타나나리보에서도 '타나'는 사람들로 붐비고 생기가 가득합니다.
조마(zoma) 시장은 타나에서 유명한 시장입니다.
마다가스카르의 민속 공예품을 사기에 좋습니다.
근처 '치바자자 동식물 공원'도 추천할 만한 여행지입니다. 수십 종의 여우 원숭이들을 직접 만날 수 있습니다.

마다가스카르로 가는 길

한국에서 마다가스카르로 가려면 유럽을 경유하여 가야합니다. 유럽에서 모리셔스, 남아프리카로 가서 비행기를 갈아탄 뒤 마다가스카르로 가야 합니다.

7 예시 답안

1 미션

A ▾ 누르면 실행
시작시간 ▾ 에 작동시간(ms) 저장
아이콘 출력
B ▾ 누르면 실행
수 출력 작동시간(ms) 빼기(-) ▾ 시작시간 ▾ 나누기(÷) ▾ 1000
시작시간 ▾ 에 0 저장

2 업그레이드 미션

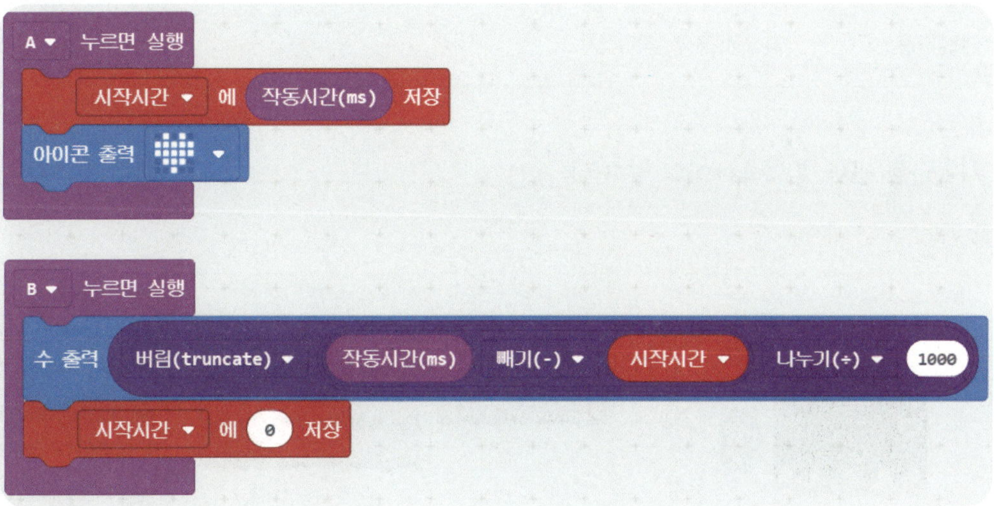
A ▾ 누르면 실행
시작시간 ▾ 에 작동시간(ms) 저장
아이콘 출력
B ▾ 누르면 실행
수 출력 버림(truncate) ▾ 작동시간(ms) 빼기(-) ▾ 시작시간 ▾ 나누기(÷) ▾ 1000
시작시간 ▾ 에 0 저장

10 프로젝트

탐험대를 찾기 위한 무전기

1 준비하기

01 : 무엇을 배워볼까요?

학습 주제	라디오기능을 이용해 서로 소통할 수 있는 무전기 만들기
중점 교과 성취 기준	과학 여러 가지 지층을 관찰하고 지층의 형성 과정을 설명할 수 있다. 실과 자료를 입력하고 필요한 처리를 수행한 후 결과를 출력하는 단순한 프로그램을 설계한다.
컴퓨팅 사고력	자료수집, 알고리즘과 절차, 병렬화, 자동화
프로그래밍 요소	반복, 병렬, 변수, 이벤트
핵심 역량	지식정보처리, 창의적사고

02 : 사용하는 센서 및 엑츄에이터 알기

라디오 기능

<table>
<tr><td>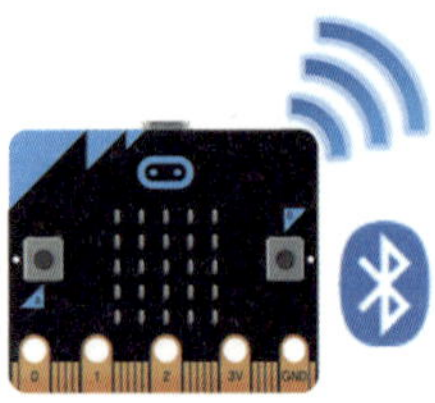</td><td>
</td><td>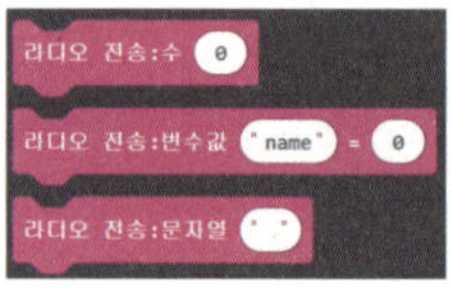
</td><td>
</td></tr>
<tr><td>블루투스는 전선을 사용하지 않고 전파를 이용해 정보를 전달하는 무선 통신 방식입니다. 블루투스 기능을 이용하면 마이크로비트를 핸드폰, PC, 태블릿 등과 연결하여 통신할 수 있습니다. 마이크로비트에서는 라디오 블록을 통해 마이크로비트 끼리도 서로 통신할 수 있습니다.</td><td colspan="3">라디오 기능을 사용하면 마이크로 비트 사이에서 무선으로 통신 할 수 있습니다. 라디오를 사용하여 다른 마이크로 비트에 메시지를 보내거나 멀티 플레이어 게임 등을 만들 수 있습니다.
마이크로비트끼리 통신하려면 서로 같은 그룹으로 설정되어 있어야 합니다. 같은 그룹 내에서는 숫자, 문자, 변수 값을 보내고 받을 수 있습니다.</td></tr>
</table>

2 이야기 속으로

와~ 그랑칭기의 정상이에요! 정말 멋지다!
열대우림부터 산악지대까지! 마다가스카르를 정복했는걸!
오예!
어린이 탐험대 마다가스카르 완료
어린이 탐험대는 어디 있을까요? 어서 마다가스카르 탐험 배지를 받고 싶어요!
그랑칭기 정상 어딘가에 있을 텐데 말이지. 여기서 꼭 탐험대를 만나야 탐험 배지를 받을 수 있단다.
나눠져서 찾아보면 어떨까요?
서로 길을 잃을 수도 있어서 위험하단다.
마이크로비트로 무전기를 만들면 되요!
마이크로비트끼리 통신을 할 수 있는 거니?

네! 만약 준 대장님이 그랑칭기를 돌아다니다가 탐험대를 찾았다면 여기서 기다리고 있는 저에게 위치를 알려주면 되죠!
오~ 좋아! 난 동쪽과 서쪽을 먼저 찾아볼거야.
좋아요! A버튼을 누르면 동쪽, B버튼을 누르면 서쪽
찾으면 버튼을 누르마! 메시지를 기다리고 있으렴!
웅성 웅성
어린이 탐험대 드디어 찾았다! 어서 코빗에게 무전을 쳐야겠는걸!
비비! 동쪽으로 가자!
준 대장님! 코빗! 탐험을 마쳤군요!
메리 대장님~ 살아 돌아왔습니다! 엄청난 일들이 있었는데 들을 준비 되셨죠?
코빗! 여기 어린이 탐험대 배지를 수여할게!
그토록 기다리던 탐험대 배지!! 이제 진짜 어린이 탐험대가 된 느낌이에요! 다음 탐험도 멋지게 성공할거에요!
다음에도 나 꼭 데려갈거지?

미션 라디오 기능을 이용해 글자를 전송하는 무전기를 만들어 봅시다.

3 나도 메이커

1 마이크로비트, usb 케이블, 보조배터리, 무전기 도안(부록), 가위를 준비합니다.

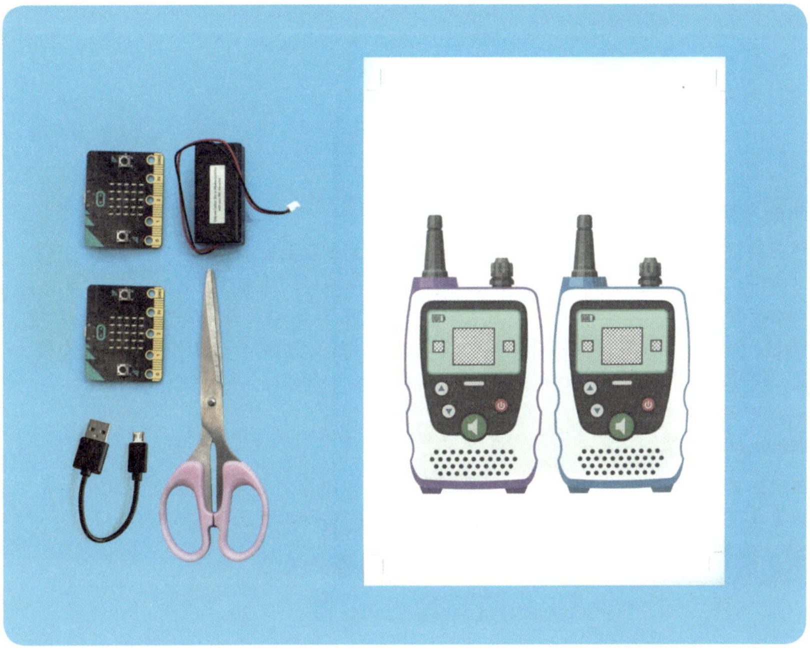

예시 그림은 이해를 돕기 위해 미리 색칠된 도안을 사용하였습니다.

TIP

마이크로비트 배터리에 AA건전지 2개를 미리 끼워놓습니다.

2 무전기를 원하는 대로 꾸미고 도안대로 자릅니다.

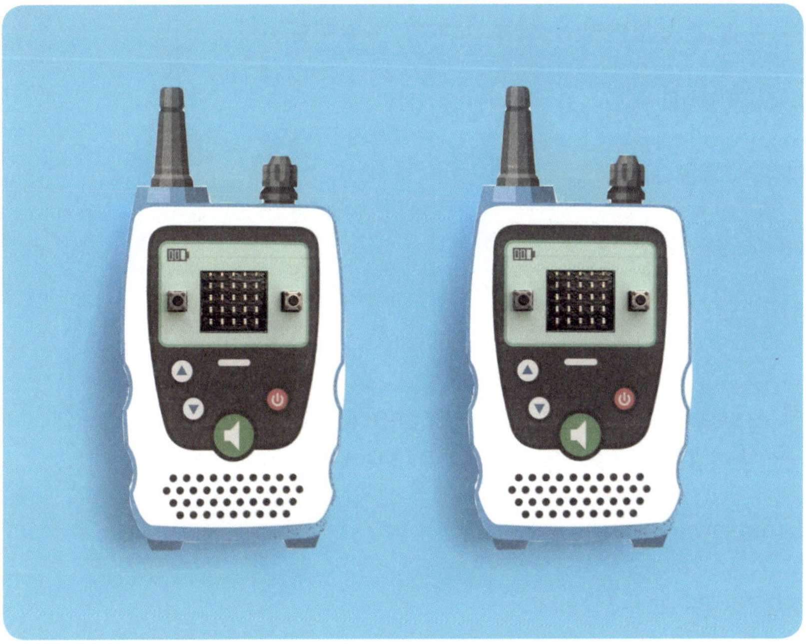

4 코딩 미션 해결하기

Coding ▸ 라디오 기능으로 마이크로비트끼리 소통하기

01 : 알고리즘 살펴보기

1 글로 알고리즘 작성하기

라디오 기능 살펴보기

평소에 핸드폰으로 메시지를 자주 보내시나요? 마이크로비트로도 메시지를 보낼 수 있습니다. 메시지를 주고 받으려면 메시지를 보내는 '발신용 마이크로비트'와 메시진를 받는 '수신용 마이크로비트'가 각각 하나씩 필요합니다. 코딩도 각각 따로 해주어야 합니다. 마이크로비트끼리 서로 소통하려면 주파수가 같아야 합니다. 그래서 각각의 마이크로비트의 라디오 그룹을 같게 설정해주어야 합니다.

`라디오 그룹을 0 로 설정` : 0~255까지 그룹을 설정할 수 있습니다.

아주 멀리서도 서로 소통하고 싶다면 라디오 전송 강도를 바꾸어 보세요. 그랑칭기의 동쪽 끝에서 서쪽 끝까지도 소통이 되도록 하려면 전송 강도를 높여야겠죠?

`라디오 전송 강도를 7 로 설정` : 0~7까지 전송강도를 설정할 수 있습니다.

• 플레이어1(준 대장) 알고리즘

★ 라디오 그룹을 설정해주고 전송 강도를 설정해줍니다.

1. 시작하면 실행합니다.
2. 라디오 그룹을 1로 설정합니다.
3. 라디오 전송 강도를 7로 설정합니다.

★ A를 누르면 'E'를 상대방에게 전송합니다. 나의 LED에도 'E'가 출력됩니다.
B를 누르면 'W'를 글자를 상대방에게 전송합니다. 나의 LED에는도 'W'가 출력됩니다.

1. A를 누르면 아래의 블록을 실행합니다.
2. 라디오로 문자 'E'를 전송합니다.

3.
4. B를 누르면 아래의 블록을 실행합니다.
5. 라디오로 문자 'W'를 전송합니다.
6.

★ 알고리즘에 맞는 내용을 아래의 〈보기〉에서 찾아 적어보세요.

❶ LED로 문자 'E'를 출력합니다.
❷ LED로 문자 'W'를 출력합니다.

보낼 땐 '라디오 전송:수 0' 받을 땐 '라디오 수신하면 실행: receivedNumber'

라디오 전송:수 0 : 내가 상대방에게 메시지를 보낼 때는 '라디오 전송' 블록을 사용합니다. 숫자, 문자, 변수값을 보낼 수 있습니다.

라디오 수신하면 실행: receivedNumber : 내가 메시지를 받았을 때는 '다리오 수신하면 실행' 블록을 사용합니다. 숫자를 받았을 때는 'recievedNumber'를 사용하고, 문자를 받았을 때는 'recivedString'을 사용합니다.

• 플레이어2(코빗) 알고리즘

★ 라디오 그룹을 설정해주고 전송 강도를 설정해줍니다.

1. 시작하면 아래의 블록을 실행합니다.
2. 라디오 그룹을 1로 설정합니다.
3. 라디오 전송 강도를 7로 설정합니다.

★ 라디오를 수신했을 때 받은 문자를 LED에 출력합니다.

1.
2.

★ 알고리즘에 맞는 내용을 아래의 〈보기〉에서 찾아 적어보세요.

❶ 받은 문자를 LED에 출력합니다.
❷ 문자열을 수신하면 아래의 블록을 실행합니다.

A를 누르면 'E'를 보내고 B를 누르면 'W'를 보냈는데 받을 때는 receivedString 하나로 받는다?

receivedString 은 변수입니다. 변수는 변하는 수!입니다.
준 대장이 A를 누르면 'E'를 보내는 것이고 B를 누르면 'W'를 보내는 것이죠. 이제 보내진 'E'와 'W'는 receivedString이라는 변수 값으로 저장이 됩니다.
코빗은 receivedString 이라는 변수 값을 수신하게 되고 조건에 따라 'E' 나 'W'가 LED로 나타납니다.

2 블록으로 알고리즘 살펴보기

아래는 블록으로 나타낸 알고리즘입니다. 글로 설명한 부분에 해당하는 블록을 연결해보세요.

• 플레이어1(준 대장) 알고리즘

설명	블록
시작하면 아래의 블록을 실행합니다.	라디오 전송 강도를 7 로 설정
라디오 그룹을 1로 설정합니다.	시작하면 실행
라디오 전송 강도를 7로 설정합니다.	라디오 그룹을 1 로 설정

설명	블록
A를 누르면 아래의 블록을 실행합니다.	라디오 전송:문자열 "E"
라디오로 문자 'E'를 전송합니다.	문자열 출력 "E"
LED로 문자 'E'를 출력합니다.	A ▾ 누르면 실행

설명	블록
B를 누르면 아래의 블록을 실행합니다.	문자열 출력 "W"
라디오로 문자 'W'를 전송합니다.	라디오 전송:문자열 "W"
LED로 문자 'W'를 출력합니다.	B ▾ 누르면 실행

• 플레이어2(코빗) 알고리즘

시작하면 아래의 블록을 실행합니다. •	• 라디오 전송 강도를 (7) 로 설정
라디오 그룹을 1로 설정합니다. •	• 시작하면 실행
라디오 전송 강도를 7로 설정합니다. •	• 라디오 그룹을 (1) 로 설정
문자열을 수신하면 아래의 블록을 실행합니다. •	• 문자열 출력 (receivedString)
받은 문자를 LED에 출력합니다. •	• 라디오 수신하면 실행: (receivedString)

[라디오 전송:문자열 ("E")] [문자열 출력 ("E")] **무엇이 다를까요?**

[라디오 전송:문자열 ("E")] : 상대방에게 문자열 'E'를 보내는 블록입니다. 상대방에게 문자열 'E'를 보낸다고 해서 나의 마이크로비트 LED에 'E'가 출력되지는 않습니다.

[문자열 출력 ("E")] : 나의 마이크로비트 LED에 문자열 'E'가 출력되는 블록입니다.

'라디오 전송 : 문자열○' 블록 아래에 '문자열 출력○' 블록을 연결하면 내가 어떤 문자를 보냈는지 스스로도 확인할 수 있습니다.

02 : 코딩하기

마이크로비트를 노트북, 컴퓨터 PC, 또는 스마트기기에 연결하고 마이크로비트 공식 사이트 'https://microbit.org'로 들어갑니다.

※ 플레이어1(준 대장) 코딩하기

1. [기본] 탭에서 '시작하면 실행' 블록을 가져오고 [라디오] 탭에서 '라디오 그룹을 ○으로 설정' 블록을 가져온 뒤 1로 설정합니다. 라디오 그룹 숫자는 원하는 숫자로 설정할 수 있습니다. 송신기와 수신가가 숫자가 같아야 서로 소통할 수 있습니다.

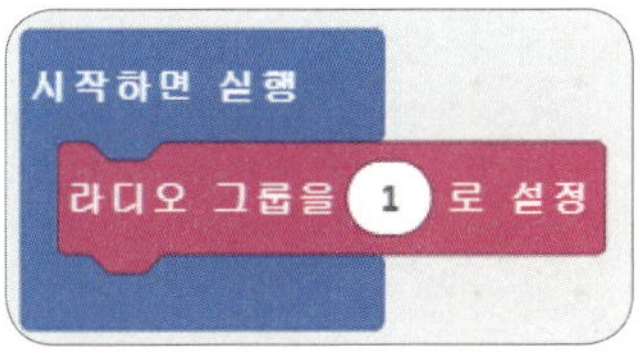

2. [라디오] 탭에서 – [더보기] '라디오 전송 강도를 ○로 설정' 블록을 연결한 뒤 강도를 최대 숫자인 7로 바꿉니다.

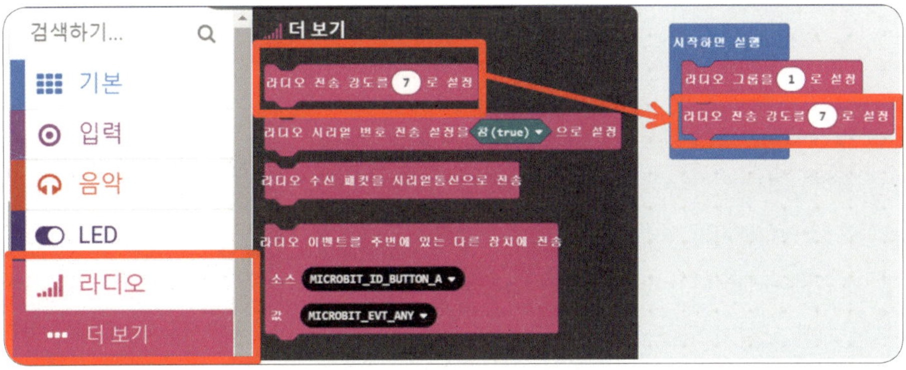

3. [입력] 탭에서 'A 누르면 실행' 블록을 가지고 옵니다. [라디오]탭에서 '라디오전송: 문자열' 블록을 연결하고 E라고 적습니다. '라디오전송 : 수'와 헷갈리지 마세요!

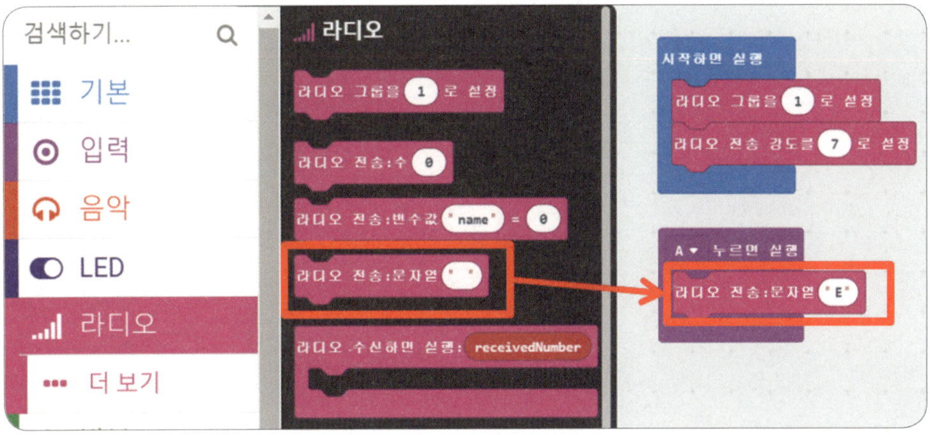

4 [기본] '문자열 출력' 블록을 연결하고 E라고 적습니다.

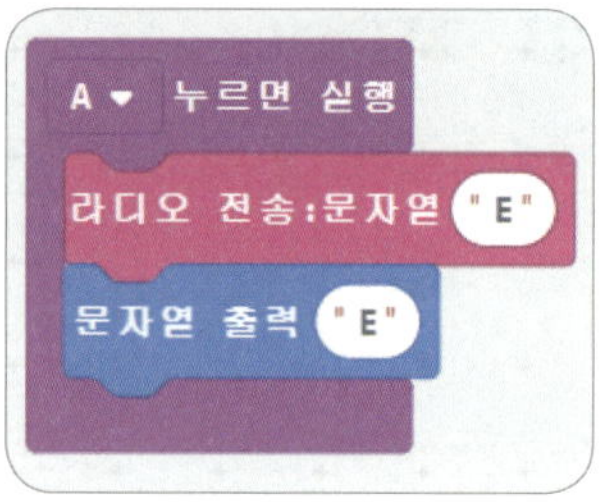
A ▾ 누르면 실행
라디오 전송:문자열 " E "
문자열 출력 " E "

5 [입력]탭에서 'B 누르면 실행'블록을 연결하고 '라디오 전송 :문자열 W', '문자열 출력 W' 블록을 순서대로 연결합니다.

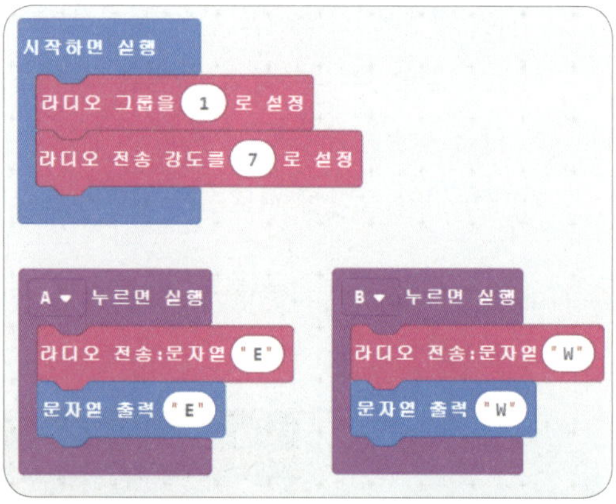
시작하면 실행
라디오 그룹을 1 로 설정
라디오 전송 강도를 7 로 설정
A ▾ 누르면 실행
라디오 전송:문자열 " E "
문자열 출력 " E "
B ▾ 누르면 실행
라디오 전송:문자열 " W "
문자열 출력 " W "

6 에뮬레이터에서 [시작▶]버튼을 눌러 프로그램이 정상적으로 동작하는지 확인합니다. [라디오] 탭의 블록들을 코딩하면 위, 아래로 송신기, 수신기 2개의 에뮬레이터가 생성됩니다. 현재는 송신기만 코딩이 되어서 송신기만 작동을 합니다.

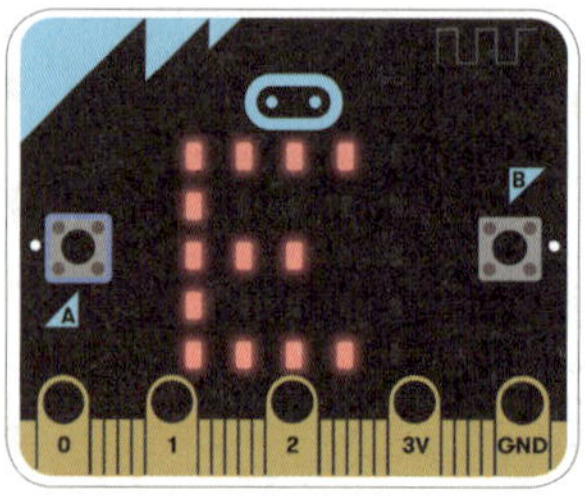
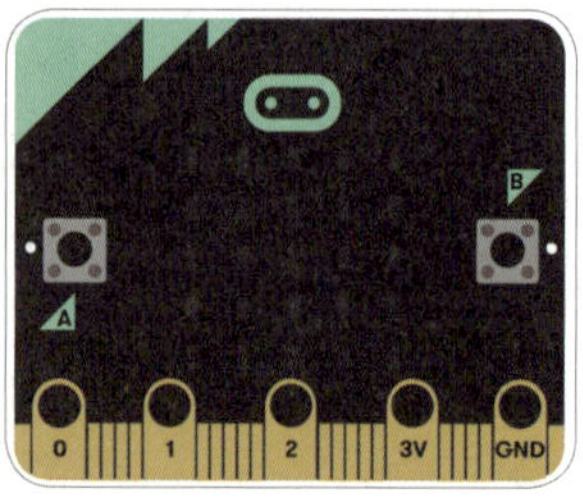

7 파일 이름을 '무전기1'로 바꾸고 저장 버튼을 누릅니다.

8 완성된 프로그램을 마이크로비트 1개에 업로드 한 뒤, 마이크로비트를 배터리와 연결합니다. 플레이어1(준 대장) 도안에 끼워봅니다.

※ 플레이어2(코빗) 코딩하기

1. [기본] 탭에서 '시작하면 실행' 블록을 가져오고 [라디오] 탭에서 '라디오 그룹을 ○으로 설정' 블록을 가져온 뒤 1로 설정합니다. 라디오 그룹 숫자는 원하는 숫자로 설정할 수 있습니다. 송신기와 수신가가 숫자가 같아야 서로 소통할 수 있습니다.

2. [라디오] 탭에서 – [더보기] '라디오 전송 강도를 ○로 설정' 블록을 연결한 뒤 강도를 최대 숫자인 7로 바꿉니다.

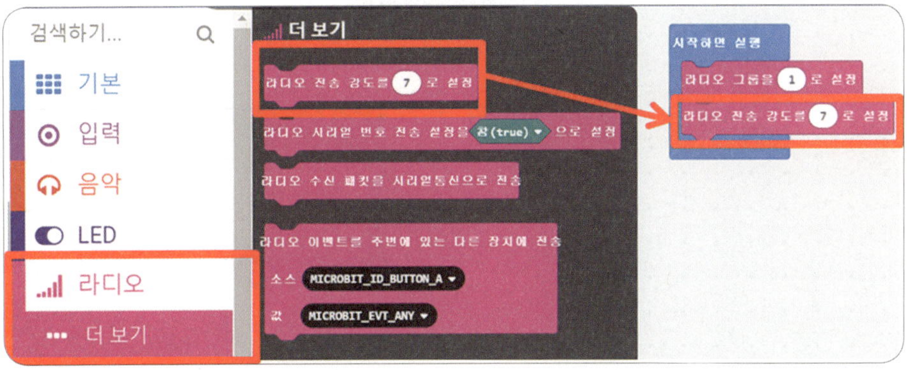

3. [라디오] 탭에서 '라디오 수신하면 실행 : receivedString' 블록을 가지고 옵니다.

'숫자를 받으면 실행'과

'문자를 받으면 실행'을 헷갈리지 마세요!

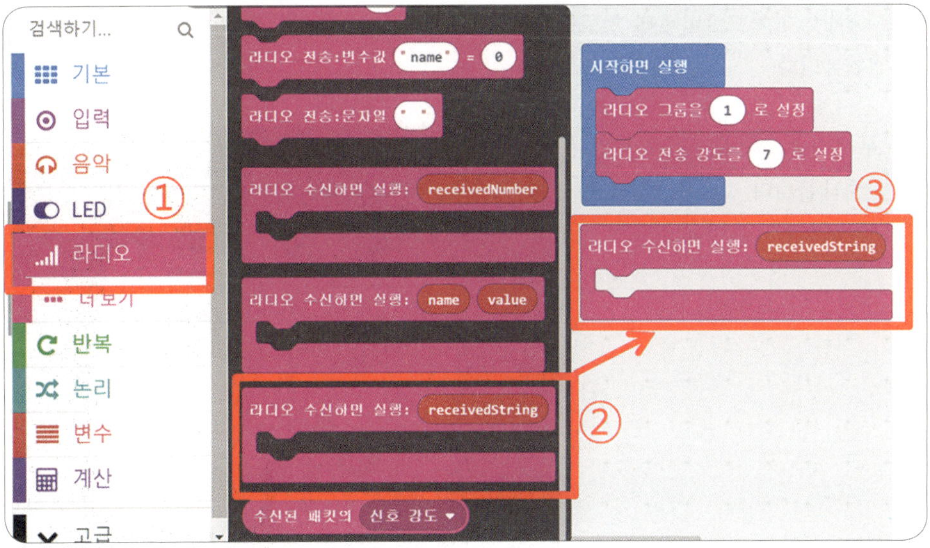

4 [기본] '문자열 출력' 블록을 연결합니다.

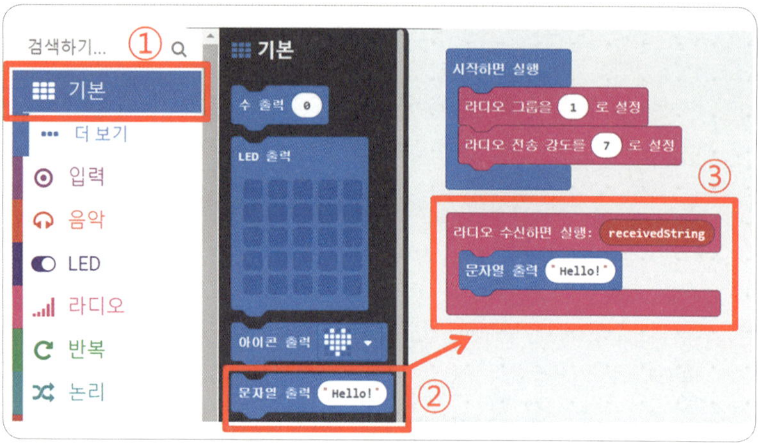

5 receivedString 를 드래그 하여 '문자열 출력 o' 에 끼웁니다.

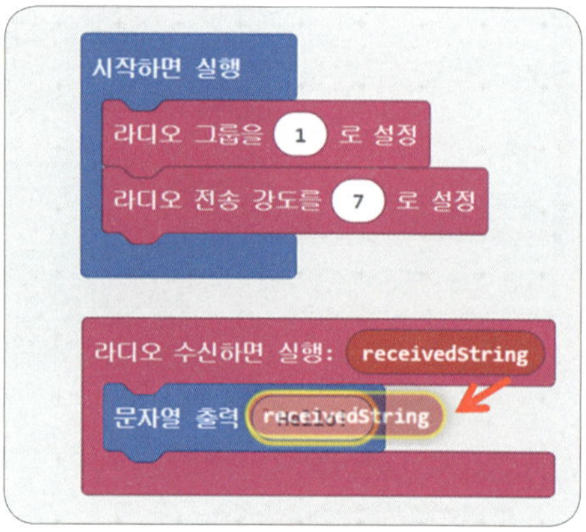

6 파일 이름을 '무전기2'로 바꾸고 저장 버튼을 누릅니다.

7 완성된 프로그램을 나머지 마이크로비트에 업로드 한 뒤, 마이크로비트를 배터리와 연결합니다. 플레이어2(코빗) 도안에 끼워봅니다.

8 준 대장과 코빗의 무전기를 친구와 나누어 가진 뒤 무전 신호를 보내봅니다.

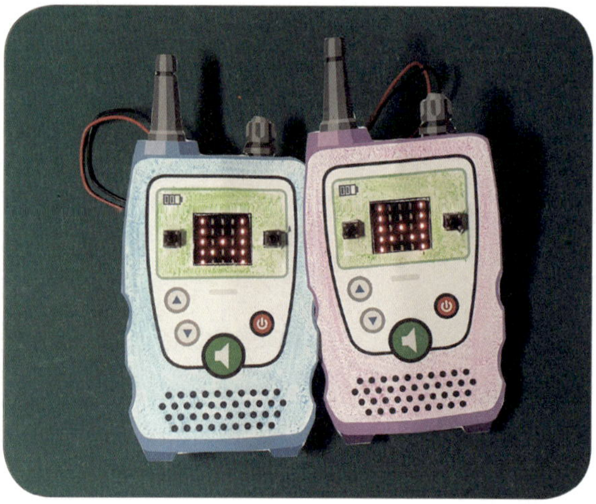

블록 기능 알아보기

• 라디오 카테고리

<table>
<tr><td rowspan="6">

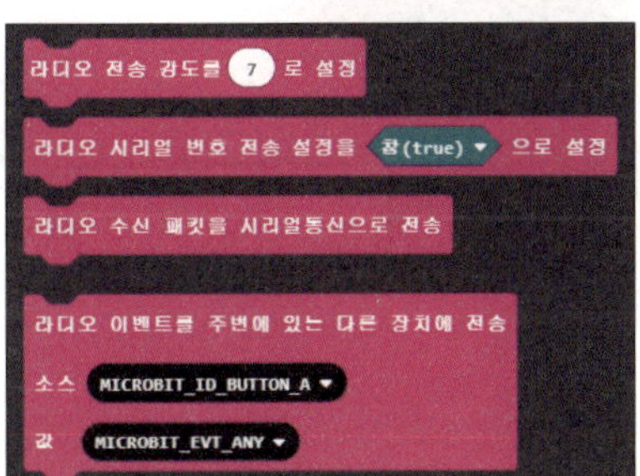
</td>
<td>
</td>
<td>라디오 그룹을 설정합니다. 마이크로비트는 1개의 그룹 내에서 통신할 수 있습니다.</td></tr>
<tr><td>
</td>
<td>같은 라디오 그룹으로 연결된 모든 마이크로비트에 수를 전송합니다.</td></tr>
<tr><td>
</td>
<td>같은 라디오 그룹으로 연결된 모든 마이크로비트에 문자열을 전송합니다.</td></tr>
<tr><td>
</td>
<td>라디오를 통해 수를 수신했을 때 실행시킬 코드를 등록합니다.</td></tr>
<tr><td>
</td>
<td>라디오를 통해 문자열을 수신했을 때 실행시킬 코드를 등록합니다.</td></tr>
<tr><td>
</td>
<td>무선 신호 전송 강도를 설정합니다.</td></tr>
</table>

5 실력 업그레이드

라디오 기능을 이용해서 친구에게 랜덤 숫자와 인사말을 보내보세요.

힌트 라디오 전송:수 10 , 랜덤값 ▾ , 0 부터 10 까지의 정수 랜덤값 를 이용해서 랜덤 숫자를 전송해보세요.

• 랜덤 숫자와 인사말 보내는 사람(송신자)

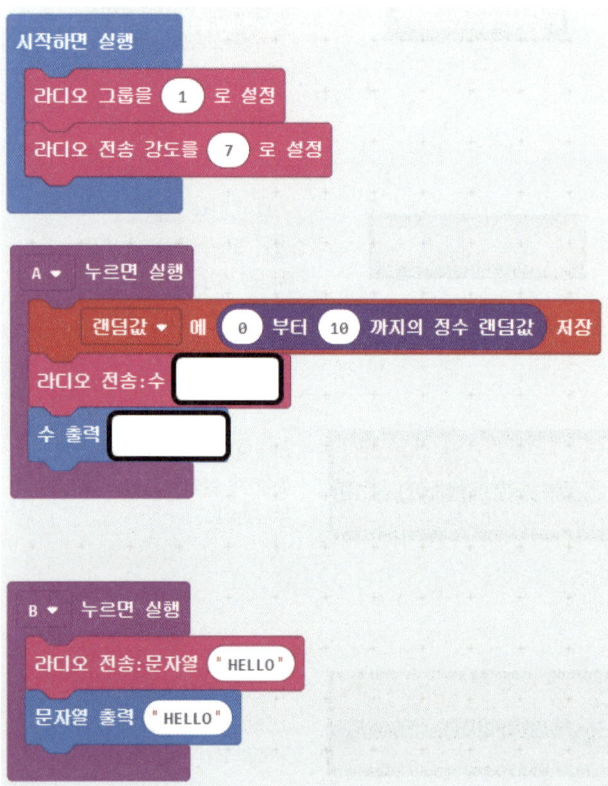

시작하면 실행
라디오 그룹을 1 로 설정
라디오 전송 강도를 7 로 설정
A ▾ 누르면 실행
랜덤값 ▾ 에 0 부터 10 까지의 정수 랜덤값 저장
라디오 전송:수
수 출력
B ▾ 누르면 실행
라디오 전송:문자열 " HELLO "
문자열 출력 " HELLO "

• 랜덤 숫자와 인사말을 받는 사람(수신자)

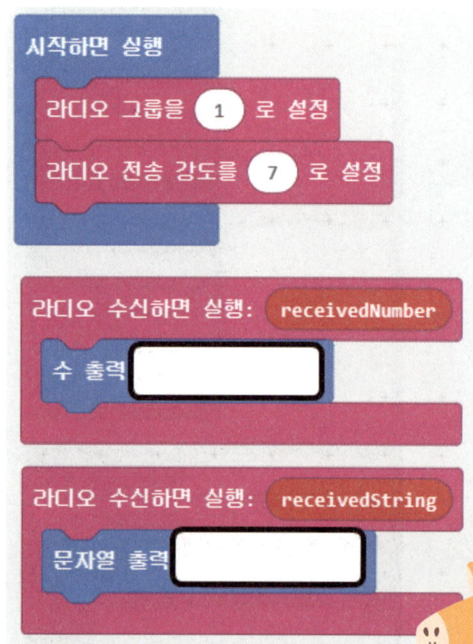

시작하면 실행
라디오 그룹을 1 로 설정
라디오 전송 강도를 7 로 설정
라디오 수신하면 실행: receivedNumber
수 출력
라디오 수신하면 실행: receivedString
문자열 출력

6 생태 학습

아프리카 여행 안전수칙

아프리카 여행 안전수칙!

해외여행 안전지도 확인하기

외교부에서 발표한 해외여행안전지도입니다.

흰색 : 경보 없음 – 여행해도 무방함
남색 : 1단계 여행 유의 – 조심조심 여행하기
황색 : 2단계 여행 자제 – 관광지 위주로 여행하기
적색 : 3단계 철수 권고 – 여행 취소 / 연기 필요
흑색 : 4단계 여행 금지 – 방문 금지

마다가스카르는 황색으로 관광지 위주로 여행해야 합니다!

예방주사 맞기

말라리아 : 독감처럼 시작하여 고열이 나는 질병입니다. 주로 열대지역에서 유행합니다. 여행 일주일 전부터 약을 복용하는 것이 좋습니다.

장티푸스 : 살모넬라균에 의한 전염병으로 심한 선사와 열의 증상이 나타납니다. 열대지역에 3주 이상 머물 경우 예방주사를 미리 맞는 것이 좋습니다.

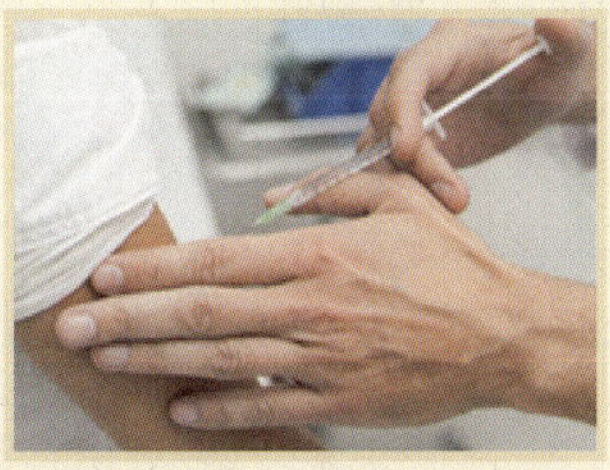

긴급 연락처 미리 적어두기

주 마다가스카르 대한민국 대사관 : http://oversesa.mofa.go.kr/mg-ko/index.do
대표전화(근무시간 중) : +261 20 222 2933
긴급연락전화(사건사고 등 긴급상황 발생시, 24시간) : +261 (0)32 781 0874
영사콜센터(서울, 42시간) : +82 (0)2 3210 0404

7 예시 답안

1 미션

보내는 사람(준 대장)

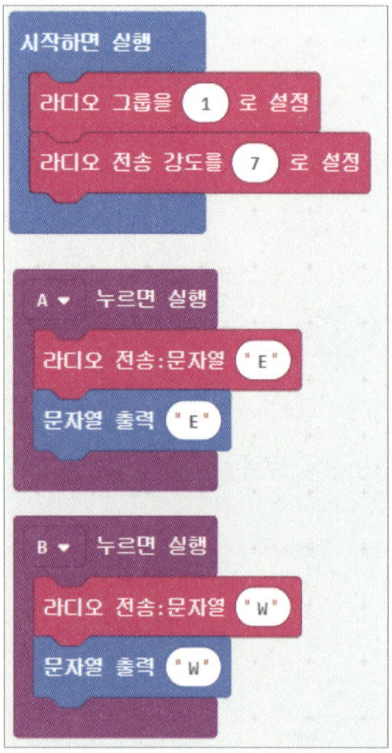
시작하면 실행
라디오 그룹을 1 로 설정
라디오 전송 강도를 7 로 설정
A 누르면 실행
라디오 전송:문자열 "E"
문자열 출력 "E"
B 누르면 실행
라디오 전송:문자열 "W"
문자열 출력 "W"

받는 사람(코빗)

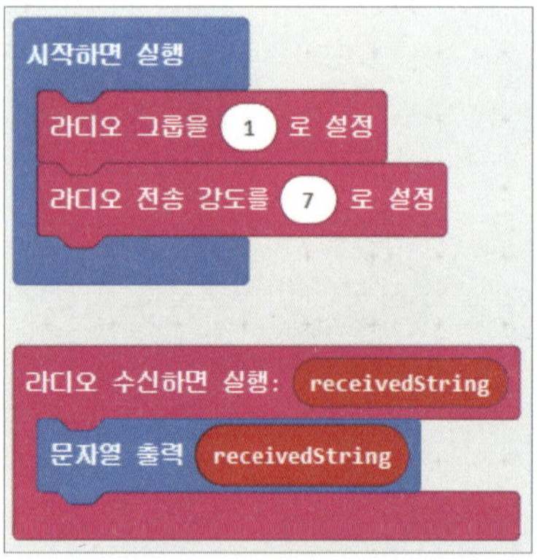
시작하면 실행
라디오 그룹을 1 로 설정
라디오 전송 강도를 7 로 설정
라디오 수신하면 실행: receivedString
문자열 출력 receivedString

2 업그레이드 미션

보내는 사람

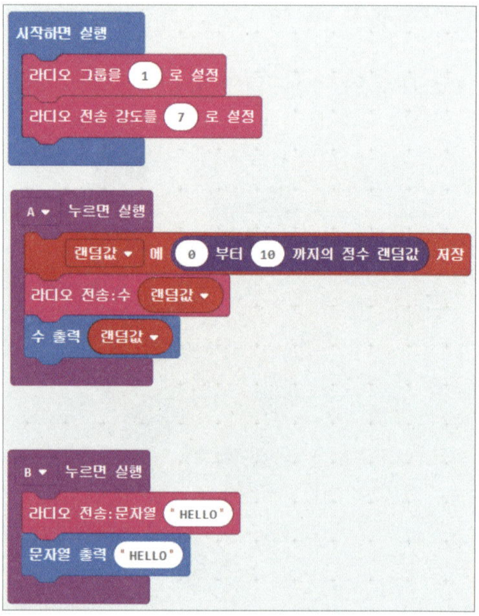
시작하면 실행
라디오 그룹을 1 로 설정
라디오 전송 강도를 7 로 설정
A 누르면 실행
랜덤값 에 0 부터 10 까지의 정수 랜덤값 저장
라디오 전송:수 랜덤값
수 출력 랜덤값
B 누르면 실행
라디오 전송:문자열 "HELLO"
문자열 출력 "HELLO"

받는 사람

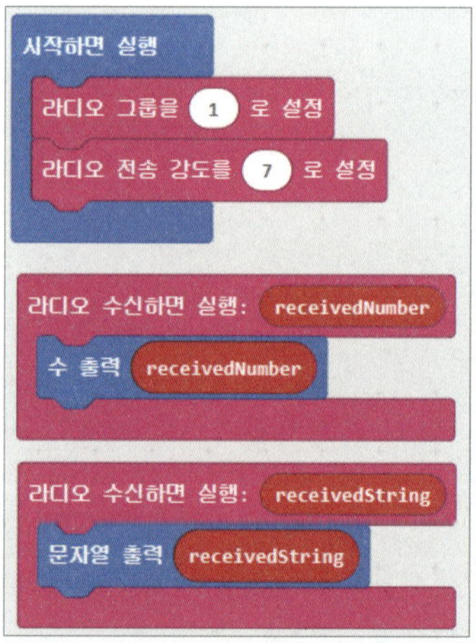
시작하면 실행
라디오 그룹을 1 로 설정
라디오 전송 강도를 7 로 설정
라디오 수신하면 실행: receivedNumber
수 출력 receivedNumber
라디오 수신하면 실행: receivedString
문자열 출력 receivedString

놀면서 배우는 코딩

- 마이크로비트로 정글 탐험하기 -

인쇄 : 2020년 5월 20일 초판 1쇄
발행 : 2020년 5월 29일 초판 1쇄

저자 : 조윤주, 전석주

발행인 : 송준
발행처 : 도서출판 홍릉

주 소 : 서울시 강북구 인수봉로 50길 10
전 화 : 02-999-2274~5 **팩 스** : 02-905-6729
e-mail : hongpub@hongpub.co.kr
홈페이지 : www.hongpub.co.kr

편집 진행 : 앤미디어(master@nmediabook.com) | **전산 편집** : 앤미디어 | **표지** : 앤미디어

ISBN : ISBN 979-11-5600-779-1(74000)
정 가 : 15,000원